聞いてマネしてすらすら話せる

キクタン

ドイツ語会話

【入門編】

アルク

はじめに

　この本を手にしたあなたは、ドイツ語圏へ旅行を計画しているところでしょうか。それとも、出張に行くところでしょうか。あるいは、ドイツ語の勉強を続けていて、自然な会話を覚えたいと思っている頃かもしれません。日本を訪れたドイツ語圏の知人を、ドイツ語で案内したいと考えている方もいるでしょう。

　本書は、そのようなドイツ語が初めての方でも、勉強を始めたばかりの方でも、**実際の場面で少しでもドイツ語でやり取りできるように**と作った会話集です。文法の学習進度に沿って例文が登場する教科書とは違い、旅先や出張先でよくある**場面ごとにフレーズをまとめました**。ドイツ語を使ってみたい場面のページを開いて、付属の音声を聴き、真似して繰り返し声に出して練習してみましょう。**目・耳・口をフル活用して練習したフレーズは、実際の場面でも自然なリズムで発せられること間違いありません**。この本はまた、最初のページから順に学習することは想定していません。掲載されている順序に関係なく、必要な場面のページに飛んでいくことができます。ですので、場面が違っても使うことができるフレーズや単語が、繰り返し登場することもあります。

　「ドイツ語の入門」では、**つづりの読み方**、ドイツ語の**基本的なしくみ**について簡単に説明しました。つづりの読み方の法則が分かると、初めて見る単語でもそれなりに読めるようになりますし、簡単なしくみを知っておくと、学んだフレーズを自分なりに応用できるようになります。「基本編」では、**場面を限定しない基本的なフレーズ**を紹介しました。続く「場面編」では、旅先や出張先でよく出くわす場面ごとにフレーズを集めました。相手が言うセリフも載っていますので、付属の音声を聴く練習をしておくと、初めての場面でも相手の言ったことが聴き取りやすく感じるでしょう。「応用編」では、現地で知り合った人と少しだけ深く話をする、あるいは日本を訪れた人とドイツ語で話すことを想定しました。日本のことを説明するために必要な語彙も抜粋して載せてあります。「付録」には、学んだフレーズを応用できるように、関連語彙をテーマ別に一覧にしました。

　現地で少しでもドイツ語を使うと、相手の反応がフレンドリーになるとよく耳にします。この本を手にされた方が、「へぇ、ドイツ語ではこんな風に言うんだ」と新たな発見ができ、実際にフレーズを使って、「通じた！」「会話が成立した！」という達成感が得られたら、うれしく思います。

だから覚えられる! 話せる!
本書の4大特長

1

目・耳・口をフル活用して覚える!

↓

だから、
自然なイントネーションが身につく

言葉を覚えるには、耳で聴いたものを真似して声に出して言ってみるのが一番です。付属の音声を繰り返し聴いて、シャドーイング練習をしましょう。そうすれば、自然なイントネーションが身につきます。

2

よくある場面をピックアップ!

↓

だから、
実際の使われ方が分かりやすい

旅先や出張先で出くわす場面ごとに、よく使われるフレーズをまとめました。ですので、練習のときから、自分が実際にドイツ語を使っているところをイメージすることができます。

3

場面にふさわしい表現を使用!

↓

だから、
そのまま使っても失礼にならない

ドイツ語では、自分と相手との関係性によって、相手を指す代名詞を使い分けます。この本では、大人が初めて会う人と話すことを想定していますので、2人称には敬称のSieを使っています。

4

場面ごとにフレーズを紹介!

↓

だから、
どこからでも始めることができる

この本は、積み重ね学習型の構成にはなっていません。ですので、最初から順番に学んでいく必要はありません。気になる場面のページに自由に飛んで、その場面に必要なフレーズを練習してください。

CD トラックナンバー●

付属のCDを繰り返し聴いて、それを真似することで、ネイティブの自然な発音を身につけましょう。ドイツ語と日本語を繰り返し聴くことで、アクセントやイントネーション、文のニュアンスなど、そのまま覚えることができます。

まずは基本の表現を!●

「基本編」では、「あいさつ」と「基本表現」を押さえましょう。希望を伝えたり、場所を尋ねたり、許可を求めたり……、コミュニケーションの基本を学びます。

文法説明を少し!●

動詞や助動詞の用法、語順など、ドイツ語のしくみを少しだけ学びます。

キーフレーズを確認!●

キーフレーズや単語の意味、語順などを確認しましょう。

単語を置き換えて練習!●

「基本編」では、場面を限定しないで使えるフレーズを集めました。場面に応じて単語を置き換えて練習し、ドイツ語の応用力を身につけましょう。

学習のポイントを説明!●

ドイツ語で文を作る際に知っておいた方がいいポイントを説明しました。

基本編

3 希望を伝える：～したいです　　　**Ich möchte**

CD

Ich möchte ... 動詞 .
〔助動詞〕
私は ～したい

> 「～したい」などの助動詞を使うときは、助動詞を文の2番目に置き、動詞は変化させないで原形を文末に置きます。

Part 2

❶ Ich möchte das Rathaus besichtigen.
　　　　　　市庁舎　　　　　見学する
　　　　　　　　　　　　　　　　　市庁舎を見学したいで

❷ Ich möchte in die Oper gehen.
　　　　　　オペラに　　行く
　　　　　　　　　　　　　　　　オペラに行きたいで

❸ Ich möchte ein Fußballspiel sehen.
　　　　　　サッカーの試合　　見る
　　　　　　　　　　　　　　　サッカーの試合を見たいで

❹ Ich möchte zum Museum gehen.
　　　　　　美術館へ　　　行く
　　　　　　　　　　　　　　　　美術館に行きたいで

動詞は2番目

ドイツ語の文では、動詞を2番目に置くことが重要です。英語のように、文を必ず「主語ー動詞」の順で始める必要はなく、内容によっては主語以外で始めることもできます。その場合でも、2番目に置くのは動詞です。

20

● チャンツ音楽で楽しく覚えよう!

CDには、「基本編」「場面編」「応用編」のフレーズや会話文をリズミカルな音楽に乗せて収録してあります。リズムに乗って、繰り返し声に出して練習しましょう。

● こんなときには?

「場面編」では、「こんなときには何と言うの?」の例を集めました。気になる場面のページに直接飛んで、学んでください。

面編：飲食
レストランで注文する　　　**Im Restaurant bestellen**
　　　　　　　　　　　　　　　　　　　　CD 11

Haben Sie sich schon entschieden?
　　　　　　　　　　　　　　お決まりですか?

Eine Currywurst und ein Bier, bitte.
　　　　　　　　カレーソーセージとビールを下さい。

Was möchten Sie trinken?
　　　　　　　　何をお飲みになりたいですか?

Eine Apfelschorle, bitte.
　　　　　　　　リンゴジュースの炭酸割りを下さい。

Und zum Essen?
　　　　　　　　　そして、お食事は?

Ich möchte einen Tafelspitz, bitte.
　　　　　　　　ターフェルシュピッツを下さい。

Was sind die Spezialitäten aus der Region?
　　　　　　　　この地域の名物料理は何ですか?

Wir empfehlen Ihnen die Maultaschen.
　　　　　　　　マウルタッシェをお薦めします。

単語ノート

Apfelschorle 囡 リンゴジュースの炭酸割り／ Currywurst 囡 カレーソーセージ／ empfehlen 薦める／ essen 食べる／ Region 囡 地域／ Spezialität 囡 名物料理／ trinken 飲む／ Weizenbier 匣 ヴァイツェンビール

音声ダウンロードのご案内

CD と DL のマークの付いた音声は、ダウンロードすることができます。

ダウンロードは、こちらにアクセスしてください。(PC専用)

　　ALC Download Center
　　ダウンロードセンター
　　http://www.alc.co.jp/dl/

❶ 「諸外国語」から『キクタンドイツ語会話【入門編】』を選ぶ

❷ 応募フォームに必要事項を記入して送信

❸ ダウンロードページの URL がメールで届く

❹ 届いた URL にアクセスして、圧縮ファイルをダウンロード

※本サービスの内容は、予告なく変更される場合がございます。あらかじめご了承ください。

「単語ノート」には、この場面で使われた語句、関連する単語をまとめてあります。

CD 使用上の注意

- 弊社製作の音声 CD は、CD プレーヤーでの再生を保証する規格品です。

- パソコンでご使用になる場合、CD-ROM ドライブとの相性により、ディスクを再生できない場合がございます。ご了承ください。

- パソコンでタイトル・トラック情報を表示させたい場合は、iTunes をご利用ください。iTunes では、弊社が CD のタイトル・トラック情報を登録している Gracenote 社の CDDB（データベース）からインターネットを介してトラック情報を取得することができます。

- CD として正常に音声が再生できるディスクからパソコンや mp3 プレーヤー等への取り込み時にトラブルが生じた際は、まず、そのアプリケーション（ソフト）、プレーヤーの製作元へご相談ください。

Part 1

ドイツ語の入門

Part 1　ドイツ語の入門

1　つづりの読み方

ドイツ語は、つづりと音の法則を知っていれば、初めて見る単語でもほぼ正確に発音することができます。ここでは、ドイツ語を読む際の大原則と特徴的な読み方を取り上げました。中には日本語では区別しない音、存在しない音などもあり、日本語の文字で正確に表記することが難しいので、この本では単語や例文に読み方を記していません。付属の音声を聞いて繰り返し耳で確認し、真似して実際に声に出してみましょう！

a　大 原 則

- ・ほぼローマ字を読むように読みます。
- ・アクセントは最初の母音に置きます。
- ・アクセントを置く母音は、その後に
  ― 子音が1つだけ続く場合（例えばName）は延ばします。
  ― 子音が2つ以上続く場合（例えばhelfen）は延ばしません。

このように、原則としてローマ字読みすれば発音できますが、ドイツ語にしかない音やローマ字読みと一致しない場合もあります。以下に気をつける必要がある読み方をまとめました。ただし、外来語ではこれらの法則が当てはまらないことが多くあります。

b　母 音　　CD 01

ä：[ε:][ε]「エ」

Dänemark デンマーク、Käse チーズ、nächst 次の

ö：[ø:][œ] 口を「オ」の形にして「エ」と発音

Österreich オーストリア、können ～できる、möchte ～したい

ü：[yː][ʏ] 唇をとがらせて「ウ」の形にして「イ」と発音

tschüs バイバイ、fünf 5、München ミュンヘン

ei：[aɪ]「アィ」

drei 3、Eis アイス、nein いいえ

ie：[iː]「イー」

Bier ビール、sieben 7、wie どのような？

eu, äu：[ɔɪ]「オィ」

Deutsch ドイツ語、Euro ユーロ、Gebäude 建物

au：[aʊ]「アゥ」

Auto 車、blau 青い、Traube ブドウ

aa, oo, uu：母音を延ばす

Haar 髪、Tee お茶、Boot ボート

母音＋h：h は発音しないで直前の母音を延ばす

gehen 行く、ohne 〜なしで、Sahne 生クリーム

アクセントのない e：[ə] 口を半開きにして軽く「エ」と発音

bitte どうぞ、getrennt 別々に、Name 名前

単語の最後の er, r：[ɐ] 弱い「ァ」

teuer 値段が高い、Wasser 水、Bier ビール、vergessen 忘れる

c 子音 CD 02

単語の最後の b, d, g：[p][t][k] 「プ」「トゥ」「ク」

gelb 黄色、Abend 晩、Hamburg ハンブルク

ch　a, o, u, au の後：[x]

Nacht 夜、Woche 週、Kuchen ケーキ

それ以外：[ç]

echt 本物の、ich 私、Milch 牛乳

chs：[ks] 「クス」

Fuchs キツネ、sechs 6、wechseln 両替する

単語の最後の ig：[iç] 「イヒ」

billig 安い、ruhig 静かな、Leipzig ライプツィヒ

j：[j] ヤ行の音

Japan 日本、Jäger 狩人、jung 若い

ng：[ŋ] 2文字で1つの音

bringen 持ってくる、Entschuldigung すみません、lang 長い

pf：[pf] 口を「プ」の形にしてすぐに「フ」と発音

Apfel リンゴ、Kopf 頭、Pflaume プラム

qu：[kv] 「ク」の直後に「ヴ」と発音

Quark フレッシュチーズ、quer 横切って、Quittung 領収書

s ＋母音：[z] ソフトなザ行の音

Sahne 生クリーム、Sie あなた、Suppe スープ
※ドイツ南部やオーストリアでは濁らない傾向があります。

s：[s] 「ス」

Bus バス、das それ、was 何？

ss, ß：[s] 「サ・スィ・ス・セ・ソ」のいずれかの音

Straße 通り、Wasser 水、weiß 白い

単語の最初の sp, st：[ʃp][ʃt] 「シュプ」「シュトゥ」

Spanisch スペイン語、Stollen シュトレン、Stuttgart シュトゥットガルト

sch：[ʃ] 唇をより丸めて突き出して「シュ」と発音

schön 美しい、schreiben 書く、Tasche カバン

tsch：[tʃ] 唇をより丸めて突き出して「チュ」と発音

Deutsch ドイツ語、Tschechien チェコ、tschüs バイバイ

v：[f] ファ行の音

viel 多い、vier 4、Vorspeise 前菜

w：[v] ヴァ行の音

schwarz 黒い、Wein ワイン、Wien ウィーン

z：[ts] 強めの「ツ」

Zoo 動物園、Zug 列車、zwei 2

2 しくみの話

この本では、表現そのものを身につけ、実際に使ってみることを最優先にしていますので、文法についてはほとんど触れていません。ですが、正しく応用できるように、名詞と動詞について最も重要なポイントを説明します。

a 名詞のこと

・名詞はいつでも大文字で書き始めます。

・名詞は、外来語も含めてすべて、3つのグループ(「男性名詞」「女性名詞」「中性名詞」)のいずれかにグループ分けされます。どのグループに属するかは、それぞれの名詞がもつ文法上の約束事です。

・名詞には「単数」と「複数」があります。

・名詞には文の中での役割を表す「格」があり、1格、2格、3格、4格と呼んでいます。1格は主語「~は」「~が」、2格は「~の」、3格は間接目的語「~に」、4格は直接目的語「~を」を主に表します。

・名詞には原則として冠詞(=英語のtheやa、anなど)が付きます。冠詞は、文の中での役割によって、次のように形が変わります。

	男性名詞 Zug 列車	女性名詞 Stadt 町	中性名詞 Bier ビール	複数 Schuhe 靴
1格	der ein Zug	die eine Stadt	das ein Bier	die —— Schuhe
2格	des eines Zug[e]s	der einer Stadt	des eines Bier[e]s	der —— Schuhe
3格	dem einem Zug	der einer Stadt	dem einem Bier	den —— Schuhen
4格	den einen Zug	die eine Stadt	das ein Bier	die —— Schuhe

※上段=定冠詞、the、下段=不定冠詞、a、an

ⓑ 動詞と主語のこと

動詞は、主語に応じて語尾の形が変わります。辞書の見出し語になっている形（語尾がenで終わっている）はまだ変化させていない形（原形）で、「不定詞」と呼ばれます。

主語になることができる代名詞には次のものがあります。

	単数	複数
1人称	ich	wir
2人称	du Sie	ihr Sie
3人称	er sie es	sie

1人称は話し手自身、つまり自分を、2人称は聞き手のことを指し、それ以外はすべて3人称になります。特徴的なのは、2人称が2種類ある点で、自分と聞き手との関係性によって使い分けます。

・初めて会う人や目上の人に対して、オフィシャルな場面など→Sie（敬称）

・家族や友人、子どもなどに対して→du、ihr（親称）

この本では、主にドイツ語圏に旅行や出張で滞在する際の場面を想定していますので、Sieを使った例文を挙げています。

そして、動詞は、主語に応じて次のように語尾変化させます。

kommen 来る

ich	kom**me**	wir	komm**en**
du Sie	komm**st** komm**en**	ihr Sie	komm**t** komm**en**
er sie es	komm**t**	sie	komm**en**

a 平叙文：動詞を文の2番目に置きます。

①　　②

Ich **besuche** morgen das Rathaus.

私（主語）　訪れる　　　　明日　　　　　市庁舎

［私は］明日、市庁舎を訪れます。

必ずしも「主語－動詞」の順で文を始める必要はなく、内容によっては主語以外の語句で文を始めることもできます。その場合も、2番目には動詞を置きます。

①　　　　　②

Morgen **besuche** ich das Rathaus.

明日　　　　　訪れる　　　私（主語）　市庁舎

明日は［私は］市庁舎を訪れます。

また、助動詞を使う場合は、助動詞が2番目に来て、もう一つの動詞を文末に置きます。

①　　②

Ich **möchte** morgen das Rathaus besuchen.

私　　〜したい　　　明日　　　　　市庁舎　　　　訪れる

［私は］明日、市庁舎を訪れたいです。

b 疑問詞を使う疑問文 ： 「疑問詞－動詞－主語」の順で文を始めます。動詞は主語に応じて語尾変化させ、文末は上げないで（場面によっては上げて）発音します。

Was machen Sie morgen?

何　　　する　　　あなた　明日
疑問詞　動詞　　　主語

［あなたは］明日何をなさいますか？

c 「はい」「いいえ」で答えられる疑問文：「動詞－主語」の順で文を始めます。動詞は主語に応じて語尾変化させ、文末は必ず上げて発音します。

Besuchen Sie morgen das Rathaus?

訪れる　　　　あなた　明日　　　　　　市庁舎
動詞　　　　　主語

［あなたは］明日、市庁舎を訪れるのですか？

Part 2

基本編

1 基本のあいさつ

CD 03

コミュニケーションの基本は、なんと言っても「あいさつ」。超定番から、ちょっとカジュアルな表現まで、覚えて使ってみましょう。

1 おはようございます。　**Guten Morgen.**

2 こんにちは。　**Guten Tag.**

3 こんばんは。　**Guten Abend.**

4 さようなら。　**Auf Wiedersehen.**

5 さようなら。(カジュアルに)　**Tschüs.**

6 おやすみなさい。　**Gute Nacht.**

7 ありがとうございます。　**Danke schön.**

8 どういたしまして。　**Bitte schön.**

いろいろな場面で使える bitte

❶お願いするとき	Einen Kaffee, bitte.	コーヒーをお願いします。
❷差し出すとき	Bitte.	どうぞ。
❸お礼を言われたとき	Bitte schön.	どういたしまして。
❹聞き返すとき	Bitte?	えっ(なんておっしゃいましたか)?

「こんにちは」もいろいろ

ドイツ語にも地域によって異なる表現があります。
例えば、「こんにちは」の場合...

2 あいさつ

....

1	はい。	Ja.
2	いいえ。	Nein.
3	いいえ、けっこうです。	Nein, danke.
4	すみません。	Entschuldigung.
5	ごめんなさい。	Es tut mir leid.
6	ありがとうございます。	Vielen Dank.
7	どういたしまして。	Gern geschehen.
8	ようこそ。	Herzlich willkommen.

お店でもあいさつ

ドイツ語圏では、あいさつをする場面が日本よりも多くあります。例えば
土産物屋や洋服屋などの個人商店では、お店に入ったら Guten Tag. 、出る
ときには Auf Wiedersehen. や Tschüs. と言いましょう。(→p.16)

....

| 9 | また明日。 | **Bis morgen.** |

| 10 | 素敵な1日を。 | **Schönen Tag.** |

| 11 | 素敵な夜を。 | **Schönen Abend.** |

| 12 | 素敵な週末を。 | **Schönes Wochenende.** |

| 13 | ありがとう、あなたもね。 | **Danke, gleichfalls.** |

| 14 | 良い旅を。 | **Gute Reise.** |

| 15 | 快適な空の旅を。 | **Guten Flug.** |

| 16 | ごきげんよう。 | **Alles Gute.** |

また、会計が済んだら、お客も **Danke schön.** と言います。スーパーのレジ
では、お客と店員が **Schönes Wochenende.** — **Danke, gleichfalls.** と言
葉を交わしているのをよく耳にします。

3 希望を伝える：〜したいです　　　　Ich möchte ...

Ich möchte ... 動詞 .
〔助動詞〕

私は　〜したい

> 「〜したい」などの助動詞を使うときは、助動詞を文の2番目に置き、動詞は変化させないで原形を文末に置きます。

❶ Ich möchte das Rathaus besichtigen.
　　　　　　　　市庁舎　　　　　見学する

　　　　　　　　　　　　　　　市庁舎を見学したいです。

❷ Ich möchte in die Oper gehen.
　　　　　　　　オペラに　　行く

　　　　　　　　　　　　　　　オペラに行きたいです。

❸ Ich möchte ein Fußballspiel sehen.
　　　　　　　　サッカーの試合　　　見る

　　　　　　　　　　　　　　　サッカーの試合を見たいです。

❹ Ich möchte zum Museum gehen.
　　　　　　　　美術館へ　　　行く

　　　　　　　　　　　　　　　美術館に行きたいです。

動詞は2番目

ドイツ語の文では、動詞を2番目に置くことが重要です。英語のように、文を必ず「主語－動詞」の順で始める必要はなく、内容によっては主語以外で始めることもできます。その場合でも、2番目に置くのは動詞です。

❺ Ich möchte Geld wechseln.
お金　　両替する

両替したいのですが。

. . . .

❻ Ich möchte Souvenirs kaufen.
お土産　　買う

お土産を買いたいです。

. . . .

❼ Ich möchte ein deutsches Messer kaufen.
ドイツ製のナイフ　　買う

ドイツ製のナイフを買いたいです。

. . . .

❽ Ich möchte mit der Kreditkarte zahlen.
クレジットカードで　　払う

クレジットカードで払いたいです。

. . . .

❾ Ich möchte eine Postkarte nach Japan schicken.
はがき　　日本へ　　送る

はがきを日本に送りたいです。

. . . .

文の2番目に置いた動詞は、主語によって語尾の形が変わります。(→ p.13)

助動詞を使う場合は、助動詞を2番目に持ってきて語尾変化させ、もう1つの

動詞は原形のまま文末に置きます。

4 希望を伝える：〜が欲しいです、〜を下さい　　Ich möchte ...

Ich möchte ... 名 詞 , bitte.
私は　ほしい

> 名詞の前に付ける冠詞は、次の形にします。
> 男 den / einen　　女 die / eine
> 中 das / ein　　　複 die / ——

❶ Ich möchte ein Wiener Schnitzel, bitte.
　　　　　　　　ヴィーナー・シュニッツェル

　　　　　　　　　　ヴィーナー・シュニッツェルを 1 つ下さい。

❷ Ich möchte einen Weißwein, bitte.
　　　　　　　　白ワイン

　　　　　　　　　　　　白ワインを 1 杯下さい。

❸ Ich möchte eine Einkaufstasche, bitte.
　　　　　　　　ショッピングバッグ

　　　　　　　　　　　ショッピングバッグを 1 つ下さい。

❹ Ich möchte 100 g Schwarzwälder Schinken, bitte.
　　　　　　　　　　シュヴァルツヴァルト地方の燻製ハム

　　　　シュヴァルツヴァルト地方の燻製ハムを 100 グラム下さい。

名詞のこと

名詞は、外来語も含めてすべて、男性名詞、女性名詞、中性名詞のいずれか

にグループ分けされ、所属グループによって、名詞の前に付ける冠詞（＝英語

のtheやaなど）の形が異なります。（→ p.12）

❺ Ich möchte zwei Pils, bitte.

　　　　　2　　　ピルスナービール

　　　　　　　　　　　　　　ピルスナービールを 2 つ下さい。

❻ Ich möchte diese Schuhe, bitte.

　　　　　　この靴

　　　　　　　　　　　　　　この靴がいいです。

❼ Ich möchte ein Zimmer mit Bad, bitte.

　　　　　　部屋　　　　　　バスタブ付きの

　　　　　　　　　　　　バスタブ付きの部屋をお願いします。

❽ Ich möchte eine Karte für das Konzert heute Abend, bitte.

　　　　　チケット　　コンサートのための　　今晩

　　　　　　　　　　今晩のコンサートのチケットが欲しいです。

❾ Ich möchte einen Fensterplatz, bitte.

　　　　　　窓側の席

　　　　　　　　　　　　　　窓側の席をお願いします。

冠詞はさらに、その名詞が文の中でどのような役割を果たしているかによっ

ても形が変わります。(→ p.12) 22 〜 23ページの表現では、動詞の直接目的

語になる4格の形が使われています。

5 場所を尋ねる：〜はどこですか？　　　　Wo ist ...?

Wo ist /sind 名 詞 ?

どこ　〜である　※名詞が複数の場合は sind を使います。

> 名詞の前に付ける冠詞は、次の形にします。
> 男 der / ein　　　　女 die / eine
> 中 das / ein　　　　複 die / ――

❶ Entschuldigung, wo ist die Toilette?
　すみません　　　　　　トイレ

　　　　　　　　　　　　すみません、トイレはどこですか？

❷ Wo ist die nächste Bank?
　　　　　一番近い銀行

　　　　　　　　　　　　一番近い銀行はどこですか？

❸ Wo ist hier ein Geldautomat?
　　　　　ここ　ATM

　　　　　　　　　　　　この辺で ATM はどこですか？

❹ Wo ist der Fahrkartenautomat?
　　　　　券売機

　　　　　　　　　　　　券売機はどこですか？

疑問文 (1)

場所を尋ねるときは、wo（どこ？）という疑問詞と動詞sein（=英語のbe）を使っ

て、場所を知りたいものや人を主語(1格)にします。

疑問詞を使う疑問文は、「疑問詞ー動詞ー主語」の順で文を始めます。

❺ Wo ist der Supermarkt?
スーパー

スーパーはどこですか？

....

❻ Wo ist der Eingang?
入り口

入り口はどこですか？

....

❼ Wo ist der Ausgang?
出口

出口はどこですか？

....

❽ Wo ist der Notausgang?
非常口

非常口はどこですか？

....

❾ Wo sind Getränke?
飲み物

飲み物はどこですか？

....

┌─ **疑問詞 + α** ─────────────────────────────────

wann（いつ？）、warum（なぜ？）、was（何？）、welcher（どの？）、wer（誰？）、

wie（どのように？）、wo（どこ？）、woher（どこから？）、wohin（どこへ？）、

wie lange（どのくらい長く？）、wie viel（どれくらい多く？）

└──

6 許可を求める：〜してもいいですか？　　　Darf ich ...?

Darf ich ... 　動詞 ?
〔助動詞〕
〜してよい

> 「〜してよい」などの助動詞を使うときは、もう1つ
> の動詞は、変化させないで原形を文末に置きます。

❶ Darf ich hier fotografieren?
　　　　　　ここで　写真を撮る

　　　　　　　　　　　　　ここで写真を撮ってもいいですか？

❷ Darf ich drinnen rauchen?
　　　　　　屋内で　　　タバコを吸う

　　　　　　　　　　　　　中でタバコを吸ってもいいですか？

❸ Darf ich hier parken?
　　　　　　ここに　駐車する

　　　　　　　　　　　　　ここに駐車してもいいですか？

❹ Darf ich das anprobieren?
　　　　　　これ　試着する

　　　　　　　　　　　　　これを試着してもいいですか？

疑問文（2）

Ja.（はい）、Nein.（いいえ）で答えられる疑問文は、「動詞（または助動詞）－主語」
の順で文を始め、文末はイントネーションを上げて発音します。文頭の動詞（助
動詞）は主語に応じて語尾変化させます。

❺ Darf ich einen Kugelschreiber ausleihen?

ボールペン　　　　　　　　借りる

ボールペンを借りてもいいですか？

・・・

❻ Wie viele Koffer darf ich abgeben?

いくつ　　スーツケース　　　預ける

スーツケースをいくつ預けられますか？

・・・

❼ Entschuldigen Sie bitte, darf ich mal durch?

すみません　　　　　　　　　ちょっと 通り抜けた

すみません、ちょっと通していただけますか？

・・・

❽ Darf ich schon hineingehen?

もう　　中に入る

もう中に入ってもいいですか？

・・・

❾ Darf ich Sie etwas fragen?

あなた　何か　　質問する

質問してもよろしいですか？

・・・

許可を求めるときは、dürfen（〜してよい）という助動詞を使い、主語をich（私）
にします。dürfenは、否定の単語（例えばnicht）と一緒に使うと、「禁止」を表す
ことができます。

7 依頼する：〜してください　　　動詞 Sie ..., bitte.

動詞 Sie ..., bitte.

> この文は Sie を使っているので、友人や家族以外に依頼
> するときに使います。主語が Sie なので、動詞は原形が
> そのまま使えます。

❶ Zeigen Sie mir Ihren Pass, bitte.
　　見せる　　　私　あなたのパスポート

　　　　　　　　　　　　　　　パスポートを見せてください。

❷ Bitte schreiben Sie hier Ihren Namen.
　　　　書く　　　　　　　あなたの名前

　　　　　　　　　　　　ここにお名前を書いてください。

❸ Bitte unterschreiben Sie hier.
　　　　署名する

　　　　　　　　　　　　　ここにサインしてください。

❹ Füllen Sie bitte das Formular aus.
　　記入する　　　　　記入用紙

　　　　　　　　　　　　この用紙に記入してください。

ここでは命令形という形を使います。ドイツ語では自分と聞き手の関係性によっ

て、聞き手を指す代名詞が異なります。(→ p.13) Sieを使うと、友人や家族など

親しい相手以外に依頼することができます。

❺ Sprechen Sie bitte langsamer.
　　話す　　　　　　　　もっとゆっくり

　　　　　　　　　　　　　もっとゆっくり話してください。

❻ Gehen Sie bitte hier entlang.
　　行く　　　　　　　　～に沿って

　　　　　　　　　　　　　この道に沿って行ってください。

❼ Rufen Sie bitte ein Taxi.
　　呼ぶ　　　　　　タクシー

　　　　　　　　　　　　　タクシーを呼んでください。

❽ Bitte warten Sie ein bisschen.
　　　　待つ　　　　少し

　　　　　　　　　　　　　少々お待ちください。

❾ Bitte lassen Sie die Tür offen.
　　　～のままにしておく　ドア　　開いている

　　　　　　　　　　　　ドアを開けたままにしておいてください。

命令形の文は、bitte（お願いします）を使わなくても成立しますが、他人に依頼する場合には、bitteがないと上から目線になってしまうこともあります。急を要する依頼の場合にはbitteをコンマで区切ります。

8 依頼する：〜していただけますか？ Könnten Sie ...?

Könnten Sie ... 動 詞 ?
〔助動詞〕
〜できる

> 「〜できる」などの助動詞を使うときは、もう１つの動詞は、変化させないで原形を文末に置きます。

❶ Könnten Sie mir bitte helfen?
　　　　　　　　私　　　　　　助ける

　　　　　　　　　　　　　手伝って（助けて）いただけますか？

....

❷ Könnten Sie bitte auf Englisch sprechen?
　　　　　　　　　　　英語で　　　　話す

　　　　　　　　　　　　英語で話していただけますか？

....

❸ Könnten Sie das bitte wiederholen?
　　　　　　　　これ　　　　繰り返す

　　　　　　　　　　　　もう一度言っていただけますか？

....

❹ Könnten Sie mir bitte ein Taxi holen?
　　　　　　　　　　　　タクシー　呼んでくる

　　　　　　　　　　タクシーを呼んでいただけますか？

....

> könntenは、助動詞könnenの接続法第2式という形です。könntenの代わりにkönnenを使うこともできますが、könntenの方が婉曲的で、より丁寧な表現になります。

❺ Könnten Sie bitte den Koffer herunterholen?
スーツケース　下ろす
　　　　　　　そのスーツケースを下ろしていただけますか？

❻ Könnten Sie mir bitte ein Bügeleisen ausleihen?
私　　　　　アイロン　　　　　　貸す
　　　　　　　アイロンを貸していただけますか？

❼ Könnten Sie mir bitte den Weg aufzeichnen?
私　　　　　道順　　　　描く
　　　　　　　道順を描いていただけますか？

❽ Könnten Sie mir bitte später einen Kaffee bringen?
私　　　　　後で　　コーヒー　　　持ってくる
　　　　　　　後でコーヒーを持ってきていただけますか？

❾ Könnten Sie mir bitte Ihre E-Mail-Adresse geben?
私　　　　　あなたのメールアドレス　　与える
　　　　　　　あなたのメールアドレスを教えていただけますか？

この文は、主語がSieなので、初めて会う人に対してやオフィシャルな場面で使

うことができます。親しい間柄の人に対しては、Könntest du（相手が1人）、

Könntet ihr（相手が複数）で文を始めます。

　この本では、ドイツ語のしくみを説明する際になるべく文法用語を使わないようにしましたが、それでも全く使わないという訳にはいきませんでした。ということで、ここで、登場した文法用語の中から重要なものを簡単に説明します。

1格：名詞や代名詞が文の中で果たす役割を示すものの1つで、主語を表す形。日本語の「〜は」「〜が」に相当することが多い。

2格：名詞や代名詞が文の中で果たす役割を示すものの1つで、日本語の「〜の」に相当することが多い。

3格：名詞や代名詞が文の中で果たす役割を示すものの1つで、間接目的語を表す形。日本語の「〜に」に相当することが多い。

4格：名詞や代名詞が文の中で果たす役割を示すものの1つで、直接目的語を表す形。日本語の「〜を」に相当することが多い。

格　：名詞や代名詞が文の中で果たす役割を示すもの。1格、2格、3格、4格がある。

敬称：聞き手（2人称）を表す際に、オフィシャルな場面で、あるいは相手が初対面の人である場合に使う代名詞の形。

親称：聞き手（2人称）を表す際に、家族や友人等、自分（話し手）と親しい間柄の人に対して使う代名詞の形。

性　：名詞はすべて、男性名詞、女性名詞、中性名詞のいずれかのグループに属する。所属グループによって、冠詞の形が異なる。

定冠詞：名詞の前に付けて使い、その変化形から名詞がどの格で使われているか分かることが多い。「どの」が聞き手に分かっているときに使う。

不定冠詞：名詞の前に付けて使い、その変化形から名詞がどの格で使われているか分かることが多い。「どの」が聞き手に分かっていないときに使う。

不定詞：動詞の原形。変化させていない形。辞書に載っている形。

平叙文：文の種類の1つで、物事をありのままに述べるのに用いられる文。疑問文、命令文に対して言う。

Part 3

場面編

① レストランで注文する　　　Im Restaurant bestellen

Haben Sie sich schon entschieden?

お決まりですか？

Eine Currywurst und ein Bier, bitte.

カレーソーセージとビールを下さい。

Was möchten Sie trinken?

何をお飲みになりたいですか？

Eine Apfelschorle, bitte.

リンゴジュースの炭酸割りを下さい。

Und zum Essen?

そして、お食事は？

Ich möchte einen Tafelspitz, bitte.

ターフェルシュピッツを下さい。

Was sind die Spezialitäten aus der Region?

この地域の名物料理は何ですか？

Wir empfehlen Ihnen die Maultaschen.

マウルタッシェをお薦めします。

単語ノート

Apfelschorle 女 リンゴジュースの炭酸割り ／ Currywurst 女 カレーソーセージ ／ empfehlen 薦める ／ essen 食べる ／ Region 女 地域 ／ Spezialität 女 名物料理 ／ trinken 飲む ／ Weizenbier 中 ヴァイツェンビール

Bringen Sie mir bitte die Speisekarte.

メニューを持ってきてください。

Haben Sie eine Weinkarte?

ワインリストはありますか？

Ich nehme das Mittagsmenü.

ランチセットにします。

Wie groß ist die Portion?

1人前はどのくらいの量ですか？

Kann ich statt Pommes einen Kartoffelsalat haben?

フライドポテトの代わりにポテトサラダにしてもらえますか？

Haben Sie auch vegetarische Gerichte?

お肉を使っていない料理もありますか？

Haben Sie ein Kindermenü?

キッズメニューはありますか？

Ich möchte auch eine Nachspeise bestellen.

デザートも注文したいのですが。

② レストランで会計する　　　**Im Restaurant bezahlen**

CD 12

Part 3

Zahlen, bitte!

お会計をお願いします。

Ich möchte bitte zahlen.

お会計をお願いします。

Ich möchte schon zahlen.
もうお会計したいです。[注文したものが運ばれてきたタイミングで]

Getrennt oder zusammen?

別々ですか？　それともご一緒に？

Getrennt, bitte.

別々でお願いします。

Zusammen, bitte.

一緒でお願いします。

Ich bezahle einen Schweinebraten und ein Bier.

私はローストポークとビールの代金を払います。

Das macht zusammen 18,30 €.

合計で 18 ユーロ 30 セントになります。

― 単語ノート ―

bezahlen ～の代金を支払う ／ brauchen 必要とする ／ getrennt 別々に ／
Quittung 囡 領収書 ／ schon もう ／ stimmen 合っている ／ wie viel？ い
くつの？ ／ zahlen お金を払う ／ zusammen 一緒に

20,00 €, bitte. *1

　　　　　　　　20 ユーロでお願いします。

Stimmt so. *2

　　　　　　　　　　これで合っています。

Danke schön. Schönen Abend.

　　　　　　ありがとうございます。素敵な夜を。

Danke, gleichfalls.

　　　　　　　　ありがとう、あなたもね。

Wie viel Brötchen haben Sie genommen?

　　　　　　パンはいくつ召し上がりましたか？

Kann ich mit Kreditkarte zahlen?

　　　　　　クレジットカードで払えますか？

Nein, wir nehmen leider keine Kreditkarten.

　　　　いいえ、あいにくクレジットカードは使えません。

Ich brauche eine Quittung, bitte.

　　　　　　　領収書が必要です。

チップの渡し方

*1：チップを渡す際、手元にちょうどの金額がないときは、こちらから金額を

　　指定してお金を渡すと、お釣りがもらえます。

*2：手元にちょうどの金額がある場合は、Stimmt so. と言って渡します。
（シュティムト ゾー）

3 レストランを予約する　　Einen Tisch reservieren

Ich möchte einen Tisch reservieren.

テーブルを予約したいのですが。

Wann möchten Sie reservieren?

いつご予約されたいですか？

Morgen um sieben Uhr.

明日の7時です。

Für wie viele Personen?

何名様ですか？

Für vier Personen, bitte.

4名です。

Unter welchen Namen?

どのお名前で？

Yamada, Y-A-M-A-D-A.

山田、Y-A-M-A-D-A です。

Leider haben wir morgen keinen Tisch mehr frei.

あいにく明日は予約でいっぱいです。

単語ノート

bitte お願いします ／ frei 空いている ／ für ～のために ／ heute 今日 ／

heute Abend 今晩 ／ keinen ～ない ／ leider 残念ながら ／ möchte

～したい ／ morgen 明日 ／ morgen Abend 明晩 ／ Name 男 名前

Ich möchte heute um sieben Uhr einen Tisch für zwei Personen reservieren.

今日7時に2名で予約したいのですが。

Ich habe einen Tisch um sieben reserviert.

7時に予約しました。

Haben Sie eine Reservierung?

ご予約されていますか？

Ja, mein Name ist Yamada.

はい。山田といいます。

Nein, ich habe keine Reservierung.

いいえ、予約はしていません。

Wie viele Personen sind Sie?

何名ですか？

Eine Person.

1人です。

Haben Sie einen Tisch für zwei Personen?

2人分の席ありますか？

単語ノート

Person/Personen 女 ～人 ／ reservieren/reserviert 予約する ／

Reservierung 女 予約 ／ Tisch 男 テーブル ／ um … Uhr ～時に ／

wann? いつ？ ／ welcher? どの？ ／ wie viel? いくつの？

4 レストランで
Im Restaurant

Gibt es hier in der Nähe ein gutes Restaurant?

近くにおいしいレストランはありますか？

Ist hier frei?

ここ空いていますか？

Können wir draußen sitzen?

屋外席はありますか？

Können wir auf der Terrasse sitzen?

テラス席はありますか？

Können wir drinnen sitzen?

屋内の席はありますか？

Guten Appetit!

どうぞ召しあがれ（いただきます）。

Prost!

乾杯。〔ビールのとき〕

Zum Wohl!

乾杯。〔ワインのとき〕

単語ノート

Fisch 男 魚 ／ Fleisch 中 肉 ／ Gemüse 中 野菜 ／ Hühnerfleisch 中 鶏肉 ／

Kalb 中 子牛肉 ／ Meeresfrüchte 複 魚介類 ／ Rindfleisch 中 牛肉 ／

Schweinefleisch 中 豚肉 ／ Wild 中 ジビエ

War alles in Ordnung?

すべて問題ありませんでしたか？

Ja, es hat sehr gut geschmeckt.

はい、とてもおいしかったです。

Hat es geschmeckt?

おいしかったですか？

Ja, sehr gut.

はい、とてもおいしかったです。

Das schmeckt (sehr) gut.

これは（とても）おいしいです。

Das schmeckt nicht.

これはおいしくありません。

Es ist kalt.

冷めています。

Leider war es mir zu viel.

残念ながら私には多すぎました。

単語ノート

bitter 苦い ／ fettig 脂っこい ／ heiß 熱い ／ kalt 冷たい ／ lauwarm 生ぬるい ／ salzig 塩辛い ／ sauer 酸っぱい ／ scharf 辛い ／ süß 甘い ／ viel 多い ／ wenig 少ない ／ zu … 〜すぎる

⑤ カフェで   Im Café

CD 15

Ich möchte gern Apfelstrudel, bitte.

アップルパイを下さい。

Mit oder ohne Sahne?

生クリームを添えますか？ それとも、無しで？

Ohne Sahne, bitte.

生クリーム無しでお願いします。

Dazu möchte ich einen Milchkaffee, bitte.

それに合わせてカフェオレを下さい。

Haben Sie Baumkuchen?

バウムクーヘンはありますか？

Nein, leider nicht.

いいえ、残念ながらありません。

Was für Kuchen haben Sie?

どんなケーキがありますか？

Da vorne sind die Kuchen. Suchen Sie sich selbst einen aus.

前の方にケーキがあります。ご自分でお選びください。

単語ノート

Kaffee 男 コーヒー ／ Kuchen 男 ケーキ ／ Milch 女 ミルク ／ Milchkaffee 男 カフェオレ ／ mit ～付きの ／ ohne ～無しの ／ Sahne 女 生クリーム ／ Tasse 女 カップ ／ Tee 男 紅茶 ／ Torte 女 ケーキ

Ich hätte gerne ein Stück Schwarzwälder Kirschtorte, bitte.

シュヴァルツヴェルダー・キルシュトルテを1つ下さい。

Für mich einen Espresso und ein Glas Wasser, bitte.

私にはエスプレッソとお水を1杯下さい。

Ich möchte einen Früchtetee, bitte.

フルーツティーを下さい。

Ist hier frei?

ここ空いていますか？

Ja, bitte.

はい、どうぞ。

Nein, hier ist reserviert.

いいえ、ここは予約席です。

Gibt es hier gratis WLAN?

こちらには無料の WiFi はありますか？

Wie ist das Passwort für das WLAN?

WiFi のパスワードは何ですか？

単語ノート

besetzt（席などが）ふさがっている ／ frei（席などが）空いている ／

Früchtetee 男 フルーツティー ／ Glas 中 コップ ／ gratis 無料の ／

hier ここで ／ Passwort 中 パスワード ／ WLAN 中 WiFi

⑥ ビアホール、ワイン酒場で In der Bierhalle / im Weinlokal

Ein großes Bier, bitte.
大きいサイズ（500ml）のビールを 1 杯下さい。

Ein kleines Bier, bitte.
小さいサイズ（300ml）のビールを 1 杯下さい。

Zwei Weizenbier, bitte.
ヴァイツェンビールを 2 つ下さい。

Dasselbe, bitte.
同じものを下さい。

Eine Flasche Riesling, bitte.
リースリングをボトルで下さい。

Ein Achtel Grüner Veltliner, bitte.
グリューナー・フェルトリーナーを8分の1リットル（125ml）下さい。

Ein Viertel Gemischter Satz, bitte.
ゲミシュター・サッツを 4 分の 1 リットル（250ml）下さい。

Ein Glas Lemberger, bitte.
レンベルガーをグラス 1 杯下さい。

― 単語ノート ―

Achtel 中 8分の 1 ／ dasselbe 同じもの ／ dazu それに加えて ／ Dessertwein 男 デザートワイン ／ feinherb 中辛口の ／ Flasche 女 瓶 ／ Glas 中 グラス ／ groß 大きい ／ halbtrocken 中辛口の ／ klein 小さい

Ich möchte einen trockenen Weißwein, bitte.

辛口の白ワインを下さい。

Ich möchte einen feinherben Rotwein, bitte.

中辛口の赤ワインを下さい。

Eine Weißweinschorle, bitte.

白ワインの炭酸割りを下さい。

Ein Glas weißen G'spritzter, bitte.

白ワインの炭酸割りを下さい。

Zuerst möchte ich ein Glas Sekt trinken.

最初にスパークリングワインが飲みたいです。

Dazu eine Flasche Mineralwasser, bitte.

それと一緒に炭酸水をボトルでください。

Was für Schnäpse haben Sie?

どんなシュナップス（蒸留酒）がありますか？

Ich möchte einen Birnenschnaps, bitte.

洋梨のシュナップスを下さい。

単語ノート

Kohlensäure 女 炭酸 ／ lieblich 甘口の ／ Liter 男 中 リットル ／ mit ～入りの ／ ohne ～抜きの ／ rot 赤い ／ trocken 辛口の ／ Viertel 中 4分の1 ／ weiß 白い ／ zuerst まず最初に

■ **Currywurst**（クリーヴルスト）：焼いた、またはゆでたソーセージを一口大に切って、トマトベースのソースとカレー粉を振りかけたもの。軽食としてよく食べられている。ベルリンで生まれたファストフード。

■ **Flammkuchen**（フラム クーヘン）：極薄いイースト生地にタマネギ、ベーコン、サワークリームをのせて焼いた、ドイツ・バーデン地方、プファルツ地方、フランス・アルザス地方の名物料理。

■ **Forelle Müllerinart**（フォレッレ ミュラリンアート）：鱒のムニエル。レモン汁とパセリのみじん切り、焦がしバターをかけ、塩ゆでしたジャガイモを添える。

■ **Grüne Soße**（グリューネ ゾーセ）：7種類のハーブを使ったヨーグルトとサワークリームの冷たいソース。ゆでたジャガイモとゆで卵を添えて食べるのが一般的。ドイツ・ヘッセン州の郷土料理。

■ **Kartoffelpuffer**（カルトッフェル プッファー）：すりおろしたジャガイモにつなぎを入れ、平たい円盤状にしてフライパンで焼いたもの。**Apfelmus**（アプフェルムース）（リンゴのピューレ）を添える。

■ **Königsberger Klopse**（ケーニヒスベルガー クロプセ）：肉団子をゆでて、ケッパーを入れたホワイトソースで食べる。元々は東プロイセンの名物料理。

■ **Labskaus**（ラブスカウス）：塩漬け肉（コンビーフ）、マッシュポテト、レッドビーツを混ぜて、ピクルスと目玉焼きを乗せた、船乗りの料理。ドイツ・ハンブルクやドイツ北部の伝統料理。

■ **Maultaschen**（マウル タッシェン）：パスタ生地の中にひき肉、ホウレンソウ、タマネギ、パン粉などを詰めて、塩を入れたお湯やコンソメでゆでたもの。8〜12センチメートルの大きさ。ドイツ・シュヴァーベン地方の郷土料理。

■ **Rösti**（レシュティ）：粗くおろしたジャガイモを円盤状に焼き固めた、スイスのドイツ語圏の郷土料理。つなぎを入れない点が **Kartoffelpuffer**（カルトッフェル プッファー）と異なる。

■ **Schweinebraten**（シュヴァイネ ブラーテン）：ローストポーク。**Sauerkraut**（ザウアー クラウト）（塩漬けにして醗酵させた千切りキャベツ）や **Semmelknödel**（ゼンメル クヌーデル）（**Semmel**（ゼンメル）というパンから作った団子）を添える。ドイツ南部、オーストリア、スイスの伝統料理。

■ Sauerbraten：酢と香辛料の漬け汁で数日間マリネした肉を蒸し煮にした料理。
ドイツ中部の伝統料理だが、他の地域でもバリエーションが見られる。

■ Spätzle：卵麺の一種。付け合わせにすることが多いが、たとえばKäsespätzle
（Spätzleとおろしたチーズを交互に何層か重ねて焼き、フライドオニオンをトッピ
ングしたもの）のように、それ自体がメインになることもある。ドイツ・シュヴァー
ベン地方やスイスの郷土料理。

■ Tafelspitz：牛もも肉を長時間、野菜と一緒に煮込んだもの。リンゴと西洋ワサ
ビのソースを添える。オーストリア・ウィーンの伝統料理。

■ Thüringer Klöße：すりおろした生のジャガイモとやわらかくゆでたジャガイモ
を2:1の割合で混ぜた生地を丸め、塩を入れた湯でゆでたもの。ソースをかけた肉料
理に、Sauerkrautや赤キャベツと一緒に付け合わせて食べる。

■ Thüringer Rostbratwurst：ドイツ・テューリンゲン州の焼きソーセージで、
15cm以上の長さがあり、パンに挟んで食べる。

■ Weißwurst：ドイツ・バイエルン州の伝統的なソーセージ。weiß（白い）という名
前の通り、グレーを帯びた白色をしている。焼くことはなく、ゆでて、ゆで汁と一
緒にスープボウルで出される。甘いマスタードを付け、Brezelというパンと一緒に
食べる。傷みやすいため、伝統的に早朝に作られ、その日の午前中のうちに「おやつ」
として食べられる。

■ Wiener Schnitzel：薄くたたいた子牛肉に小麦粉、卵、細かいパン粉の衣を付け
て揚げ焼きにしたもの。豚、鶏、七面鳥などの肉を使用したものもあるが、それら
はただSchnitzelと呼ばれる。オーストリア・ウィーンの伝統料理。

■ Zürcher Geschnetzeltes：小間切れにした子牛肉を軽くソテーし、生クリーム
ソースで煮込んだ、スイス・チューリヒの名物料理。Röstiを付け合わせにすること
が多い。

■ Zwiebelkuchen：タマネギを使ったキッシュのような塩味のタルト。ドイツ南
部や東部、スイス、フランス・アルザス地方の名物料理。

■ Apfelstrudel（アプフェルシュトゥルーデル）：リンゴ、シナモンシュガー、レーズン、レモンなどを混ぜ合わせたフィリングを、下に置いた新聞の文字が見えるぐらい薄く伸ばした生地で巻いて、焼いたアップルパイの一種。輪切りにすると断面が渦（Strudel（シュトゥルーデル））を巻いている。

■ Baumkuchen（バオムクーヘン）：結婚式など特別な機会に食べる、ドイツ東部のケーキ。横に薄くそぎ切りにして、生クリームを添えて食べる。最近では、日本での方がよく目にし、買える場所が多い。

■ Lebkuchen（レープクーヘン）：蜂蜜や香辛料、オレンジピール、レモンピール、ナッツ類を使った、クッキーのようなケーキの一種。小麦粉はほとんど入っていない。クリスマスに食べたり、飾ったりする。

■ Linzertorte（リンツァートルテ）：アーモンド粉やクルミの粉とシナモン、グローブ、ナツメグなどの香辛料を入れた生地にスグリのジャムを乗せ、さらに生地で格子模様を作り、焼いた焼き菓子。縁にスライスアーモンドを散らばせる。

■ Obstkuchen（オプストクーヘン）：リンゴ、プラム、アプリコットなど、季節ごとに旬のフルーツを使った、家庭でよく作られるケーキ。生地はケーキ型ではなく、天板に直接流し込む。デコレーションはせず、粉砂糖をかける。

■ Sachertorte（ザッハートルテ）：2層に分けたチョコレートスポンジの間と表面にアプリコットジャムを塗り、上からチョコレートソースでコーティングした、オーストリア・ウィーンのケーキ。無糖のホイップクリームを添えて食べる。

■ Schwarzwälder Kirschtorte（シュヴァルツヴェルダー　キルシュトルテ）：ココアスポンジケーキにサクランボの蒸留酒を入れた生クリームを挟み、チェリー、生クリーム、チョコレートをトッピングしたケーキ。

■ Stollen（シュトレン）：イースト生地にレーズン、オレンジピール、アーモンドを練り込んで焼いた、クリスマスに食べるパン菓子。ドイツ・ドレスデンが発祥の地と言われている。焼き立てではなく、2〜3週間寝かしたものを食べる。日持ちがするので、アドヴェント（待降節）にスライスして少しずつ食べながら、クリスマスが来るのを待つ。

　　　　Kuchen と Torte —— 何が違うの？

　バウムクーヘンやザッハートルテなど、日本でもドイツ語圏のスイーツが市民権を得つつあります。日本語ではどちらもケーキと呼ばれますが、片方は Kuchen（クーヘン）、もう一方は Torte（トルテ）という単語が使われています。Kuchen と Torte には何か違いがあるのでしょうか。はい、大ありです。Torte の方は、土台部分がいくつかの層からできています。Torte はさらに、土台のスポンジにクリームのデコレーションやチョココーティングが施されている一方、Kuchen は焼きっぱなしで、後から粉砂糖をかけるぐらいです。その結果、たいていの場合、Torte の方が Kuchen よりも高さがあります。

　　自分のものは自分で —— 割り勘

　ドイツ語圏では基本的に、食事に行ったとき、グループ全体の飲食代を人数で均等に分ける割り勘はしません。それぞれが、自分が飲んだり食べたりした分だけを払います。「レストランでお会計する」(→ p.36) に登場した「Getrennt, bitte. 別々にお願いします」という表現は、そのようなときに使います。それぞれの食べたり飲んだりする量に差がある場合は、この方が良いかもしれませんね。大学のゼミの打ち上げなどでは、先生が全員の分の飲み物代を払い、食事は各自で支払うというように分けたりすることもあります。一方、家族で食事に行ったり、自分で友人たちを招待したりする場合は、全員分をまとめて払いますが、その際は「Zusammen, bitte. 一緒にお願いします」と言います。

⑦ 駅で切符を買う　　　　Am Bahnhof Fahrkarten kaufen

CD 17

P a r t 3

Eine Fahrkarte nach München, bitte.

ミュンヘンまでの切符を 1 枚下さい。

Einfach oder hin und zurück?

片道ですか？往復ですか？

Hin und zurück, bitte.

往復でお願いします。

Wann wollen Sie abfahren?

いつ出発なさりたいですか？

Ich möchte morgen gegen neun Uhr abfahren.

明日の 9 時ごろに出発したいです。

Muss ich umsteigen?

乗り換える必要がありますか？

Ja, Sie müssen in Kassel umsteigen.

はい、カッセルで乗り換える必要があります。

Wie lange dauert es bis nach München?

ミュンヘンまでどれくらいかかりますか？

単語ノート

abfahren 出発する／ es dauert（時間が）かかる／ einfach 片道の／ Fahrkarte **女** 切符／ hin und zurück 往復／ nach + 地名 ～へ／ umsteigen 乗り換える／ wie lange? どのくらい長く？

Zwei Erwachsene und zwei Kinder nach München, bitte.

ミュンヘンまで大人 2 枚と子ども 2 枚下さい。

Wollen Sie einen Sitzplatz reservieren?

座席を予約されたいですか？

Ja, bitte.

はい、お願いします。

Eine Sitzplatzreservierung, bitte.

座席指定をお願いします。

Erste Klasse, bitte.

1 等車をお願いします。

Zweite Klasse, bitte.

2 等車をお願いします。

Wo kann ich meine Fahrkarte ausdrucken?

どこでチケットをプリントアウトできますか？

Kann ich mit Kreditkarte bezahlen?

クレジットカードで払えますか？

単語ノート

ausdrucken プリントアウトする ／ Erwachsene 男 女 大人 ／ Kind / Kinder 中 子ども ／ erste Klasse 女 一等車 ／ zweite Klasse 女 二等車 ／ reservieren 予約する ／ Sitzplatz 男 座席 ／ Sitzplatzreservierung 女 座席指定

8 駅で Am Bahnhof

CD 18

Entschuldigung, wo ist der Fahrkartenautomat?

すみません、券売機はどこですか？

Wo ist der Entwerter?

改札機はどこですか？

Fährt dieser Zug nach Rothenburg?

この列車はローテンブルクへ行きますか？

Von welchem Gleis fährt der Zug nach Rothenburg ab?

ローテンブルク行きの列車は何番線から発車しますか？

Von Gleis 2.

2番線からです。

Wann kommt der Zug in Rothenburg an?

この列車は何時にローテンブルクに到着しますか？

Wo soll ich umsteigen?

どこで乗り換えたらいいですか？

Alles bitte aussteigen. Der Zug endet hier.

皆様、お降りください。列車はここで終点です。

単語ノート

abfahren 出発する ／ ankommen 到着する ／ aussteigen 降りる ／ Bahnsteig 男 ホーム ／ Entwerter 男 改札機 ／ Fahrkartenautomat 男 券売機 ／ Gleis 中 番線 ／ umsteigen 乗り換える ／ Zug 男 列車

9 列車で

Im Zug

Ist hier frei?

ここ空いていますか？

Ja, bitte.

はい、どうぞ。

Nein, hier ist besetzt.

いいえ、空いていません。

Wo ist das Bordbistro?

食堂車はどこですか？

In dieser Richtung, der zweite Wagen.

こちらの方向の2両目です。

Wo sind wir gerade?

私たちは今どこにいますか？

Wie lange braucht man noch bis nach München?

ミュンヘンまであとどのくらいかかりますか？

Dieser Zug hat eine Stunde Verspätung.

この列車は1時間遅れています。

単語ノート

bis ～まで ／ besetzt 埋まっている ／ Bordbistro 田 食堂車 ／ brauchen
必要とする ／ frei 空いている ／ noch まださらに ／ Sitzplatz 男 座席 ／
Stunde 女 ～時間 ／ Verspätung 女 遅延 ／ Wagen 男 車両

⑩ タクシーを利用する　　　　Mit dem Taxi fahren

Wo ist der Taxistand?

タクシー乗り場はどこですか？

Bitte rufen Sie mir ein Taxi.

タクシーを呼んでください。

Ich nehme ein Taxi.

タクシーで行きます。

Ich möchte für morgen ein Taxi reservieren.

明日のためにタクシーを予約したいです。

Zum Hauptbahnhof, bitte.

中央駅までお願いします。

Zum Hotel Kaiserhof, bitte.

ホテル・カイザーホーフまでお願いします。

Zur Staatsoper, bitte.

国立オペラ座までお願いします。

Nach Heidelberg, bitte.

ハイデルベルクまでお願いします。

文法ノート

ドライバーに行先を伝えるときは、zumまたはzurに目的地をつなげ、最後に
bitte（お願いします）を付けます。目的地が男性名詞や中性名詞の場合はzum、
女性名詞の場合はzurを使います。

Wie viel kostet es ungefähr bis zum Flughafen?

空港まででいくらぐらいかかりますか？

Wie lange braucht man bis zum Flughafen?

空港までどれくらい時間がかかりますか？

Kann ich vorne sitzen?

前の席に座ってもいいですか？

Bitte schnallen Sie sich an.

シートベルトを締めてください。

Bitte halten Sie an der nächsten Kreuzung an.

次の交差点で止めてください。

Ich möchte hier aussteigen.

ここで降りたいです。

Bitte lassen Sie mich am Eingang aussteigen.

入り口のところで降ろしてください。

Eine Quittung, bitte.

領収書をお願いします。

単語ノート

Ampel 囡 信号 ／ Bahnhof 男 駅 ／ Ecke 囡 角 ／ Flughafen 男 空港 ／

Hauptbahnhof 男 中央駅 ／ Hotel 囲 ホテル ／ Kreuzung 囡 交差点 ／

Sicherheitsgurt 男 シートベルト ／ Taxistand 男 タクシー乗り場

改札はどこ？

　ドイツ語圏の駅には、日本の駅で見るような改札口はありません。ホームまでは簡単に行くことができ、電車に乗るときは、ホームにある改札機（Entwerter）で切符に駅名と日時を刻印してから乗車します。長距離列車の場合は、検札に来た乗務員が車内で刻印してくれます。たとえ切符を持っていても、刻印がない場合は、無賃乗車と同じことになってしまうので、気を付けなければいけません。街中を走るバスや路面電車では、改札機は車内にあります。

　実際に公共交通機関を利用すると、ちゃんと改札機を使っている人が多くないような印象を受けるかもしれません。ですが、だからと言って、「なんだ、タダ乗りしている人もいるじゃないか」と誤解してはいけません。そこに住んでいる人はたいてい定期券を持っているので、毎回改札機で刻印する必要がないのです。そして、「改札がないから簡単にタダ乗りできそう」と勘違いしてもいけません。定期的に、それなりの体格と雰囲気を持った私服検札係が抜き打ちで乗車して来て、乗客ひとりひとりの切符をチェックします。検札係が車内に乗って来なくても、ホームから上がった所で乗車券を確認されることもあります。万が一、切符を持っていなかったり、持っていても刻印がなかったりした場合は、たとえ観光客でも、たとえドイツ語が話せなくても、しっかりと罰金を取られます。

乗り降りするときは忘れずに！

　ドイツ語圏の列車は、長距離列車だけでなく、街中を走る地下鉄や路面電車でも、降りる際にボタンを押したり、ドアにあるレバーを自分で動かしたりしないとドアが開きません。そのことを忘れていると、駅に到着して降りたいのに降りられず、気が付いたら発車してしまった、なんてことにもなってしまいます。乗車する際も、ドアが開いていなかったら、自分でドアにあるボタンを押してドアを開け、乗ります。ちなみに閉まる際は、自動で一斉に閉まります。

　ただ、そもそもドアが故障していて、Tür-Störung（ドアの故障）という貼り紙が貼られていることが少なくない、というのはまた別のお話。

コラム－7 **タクシーも日本とはいろいろ違う**

　タクシーを使う際にも、日本と違う点があります。

・街中を流しているタクシーはいないので、タクシー乗り場から乗る。最近では配車アプリを使うこともできる。

・そもそも車は右側通行。よって、タクシーに乗るときは、車の右側のドアから乗る。

・ドアは自動ドアではないので、自分で開け閉めする。（女性だったら開けてもらえることもあるかも?!）

・後ろの席でも必ずシートベルトを着用。

・チップが必要。だいたい移動料金の5〜10%、あるいは移動料金に1〜2€程度をプラス。

・満席でなくても助手席に座ってかまわない。

11 ツーリストインフォメーションで In der Touristeninformation

Haben Sie einen Stadtplan?

町の地図はありますか？

Auf Deutsch oder auf Englisch?

ドイツ語版ですか？　英語版ですか？

Auf Englisch, bitte.

英語版を下さい。

Haben Sie einen Stadtplan auf Japanisch?

日本語版の町の地図はありますか？

Welche Sehenswürdigkeiten empfehlen Sie?

どの名所がお薦めですか？

Ich möchte eine Stadtrundfahrt machen.

観光バスで市内巡りがしたいです。

Ich möchte an einer Stadtführung teilnehmen.

町のガイドツアーに参加したいです。

Ich suche eine Unterkunft für heute Abend.

今晩泊まる所を探しています。

単語ノート

Abendkasse 女 当日券売り場 ／ ausverkauft 売り切れ ／ beginnen 始まる ／ Führung 女 ガイドツアー ／ Fußballspiel 中 サッカーの試合 ／ Karte 女 チケット ／ kaufen 買う ／ Schloss 中 城 ／ Schlossgarten 男 城の庭園

Gibt es heute ein Konzert?

今日はコンサートはありますか？

Ja, im Schlossgarten gibt es ein Konzert.

はい、お城の庭園でコンサートがあります。

Wann beginnt das Konzert?

コンサートは何時に始まりますか？

Das Konzert beginnt um 19.30 Uhr.

コンサートは 19 時半に始まります。

Wo kann ich die Karten kaufen?

チケットはどこで買えますか？

Die Karten können Sie an der Abendkasse am Schloss kaufen.

チケットはお城にある当日券売り場で買えます。

Kann ich hier Karten für das Fußballspiel kaufen?

ここでサッカーの試合のチケットを買えますか？

Nein, die müssen Sie am Stadion kaufen.

いいえ、それはスタジアムで買わなければなりません。

単語ノート

Sehenswürdigkeit 女 名所 ／ Stadion 中 スタジアム ／ Stadtführung 女
町のガイドツアー ／ Stadtplan 男 町の地図 ／ Stadtrundfahrt 女 市内
巡り ／ teilnehmen 参加する ／ Unterkunft 女 宿泊する場所

⑫ コンサートやオペラで　Im Konzert / in der Oper

Wo ist die Abendkasse?

当日券売り場はどこですか？

Wo ist der Vorverkauf?

前売りはどこですか？

Haben Sie noch Karten für heute Abend?

今晩のチケットはまだありますか？

Ich möchte zwei Karten für heute Abend.

今晩のチケットが 2 枚欲しいです。

Wann beginnt das Konzert?

コンサートは何時に始まりますか？

Wie viel kostet eine Karte für die Loge?

仕切り席はいくらですか？

Kann ich den Sitzplan sehen?

座席表を見せていただけますか？

Wer dirigiert heute?

今日の指揮者は誰ですか？

単語ノート

Balkon 男 2 階バルコニー席 ／ beginnen 始まる ／ Benutzung 女 利用 ／

dirigieren 指揮する ／ Etage 女 階 ／ Garderobe 女 クローク ／ Galerie 女

最上階席 ／ Loge 女 仕切り席 ／ Parkett 中 1 階前方席

Wo ist die Garderobe?

クロークはどこですか？

Garderoben sind auf jeder Etage.

クロークは各階にあります。

Kostet die Garderobe etwas?

クロークはお金がかかりますか？

Die Benutzung der Garderobe ist frei.

クロークの利用は無料です。

Wo kann man das Programmheft kaufen?

パンフレットはどこで買えますか？

Das Programmheft können Sie beim Personal kaufen.

パンフレットは係の者から買えます。

Wo kann man in der Pause etwas essen?

どこで休憩中に食事ができますか？

In der Galerie gibt es eine Bar.

最上階にバーがあります。

単語ノート

Parterre 中 1階後方席 ／ Pause 女 休憩 ／ Programmheft 中 オペラ・劇など
のパンフレット ／ Rang 男 〜階席 ／ Sitzplan 男 座席表 ／ Stehplatz 男 立
ち見席 ／ Vorverkauf 男 前売り

13 観光名所で　　　　　　　Bei Sehenswürdigkeiten

Wie viel kostet der Eintritt?

入場料はいくらですか？

5 Euro für Erwachsene und 2 Euro für Kinder.

大人 5 ユーロ、子ども 2 ユーロです。

Dann zwei Erwachsene und ein Kind, bitte.

それでは、大人 2 枚と子ども 1 枚下さい。

Einmal Student, bitte.

学生 1 枚お願いします。

Ihren Studentenausweis, bitte.

学生証を見せてください。

Bis wann ist das Museum heute geöffnet?

美術館は今日何時まで開いていますか？

Wir haben heute bis 19 Uhr auf.

今日は 19 時まで開いています。

Das Museum ist montags geschlossen.

美術館は毎週月曜が休館日です。

単語ノート

einmal 一つの ／ Eintritt 男 入場料 ／ Erwachsene 男 女 大人 ／ Kind 中 子ども ／ Student 男 学生 ／ Studentenausweis 男 学生 ／ geschlossen 閉まっている ／ geöffnet 開いている ／ Öffnungszeit 女 開館時間

Wann ist die nächste Führung?

次のガイドツアーは何時ですか？

Die nächste Führung beginnt um 10.20 Uhr.

次のガイドツアーは 10 時 20 分に始まります。

Wie lange dauert die Führung?

ガイドツアーはどのくらいかかりますか？

Die Führung dauert ungefähr 45 Minuten.

ガイドツアーは約 45 分かかります。

Gibt es eine Führung auf Englisch?

英語のガイドツアーはありますか？

Ja, die beginnt in 20 Minuten.

はい、20 分後に始まります。

Haben Sie Prospekte auf Japanisch?

日本語のパンフレットはありますか？

Ja, ein Prospekt kostet 2 €.

はい、1つ2ユーロです。

単語ノート

beginnen 始まる ／ dauern（時間が）かかる ／ es gibt ... ～がある ／

Führung 囡 ガイド ／ kosten（費用が）かかる ／ Minute 囡 分 ／

nächst 次の ／ Prospekt 團 パンフレット ／ um ... Uhr ～時に

Bitte schließen Sie Ihre Tasche in den Schließfächern ein.
かばんはコインロッカーに入れてください。

Bitte geben Sie Ihr Gepäck an der Garderobe ab.
荷物はクロークに預けてください。

Darf man hier fotografieren?
ここで写真を撮ってもいいですか？

Ja, aber ohne Blitz und keine Videoaufnahmen.
はい、ですがフラッシュはたかないでください。動画撮影も禁止です。

Wo kann man den Katalog kaufen?
どこでカタログを買えますか？

Den Katalog können Sie im Museumsshop kaufen.
カタログはミュージアムショップで買えます。

Wo ist der Museumsshop?
ミュージアムショップはどこですか？

Der Museumsshop ist im Erdgeschoss.
ミュージアムショップは1階です。

単語ノート

abgeben 渡す ／ Blitz 男 フラッシュ ／ einschließen しまい込む ／ Erdge-
schoss 中 1階 ／ Museumsshop 男 ミュージアムショップ ／ Schließfach
中 コインロッカー ／ Tasche 女 かばん ／ Videoaufnahme 女 動画撮影

チップ Trinkgeld のこと
トリンクゲルト

　ドイツ語圏では、レストランやカフェでチップを払う習慣があります。相場は代金の10%程度と言われていますが、ぴったり10%を払うのではなく、たとえば飲食代が18.30ユーロだった場合は20ユーロというように、切りの良い金額になるように計算します。もちろん、さらにチップを増やして21ユーロにしてもかまいません。飲食店の他にも、タクシーやホテル、美容院でもチップをあげます。

　トイレは、最近では入場料を払わないと中に入れない仕組みの所も多いですが、昔ながらに清掃管理係の人がいるタイプのトイレでは、置いてある皿に50セント〜 1ユーロ程度のチップを置いていきます。

よく見かける注意書き

- Bitte nicht anfassen.　手を触れないでください
- Bitte nicht hinsetzen.　腰かけないでください
- Kein Zutritt.　立入禁止
- Zutritt nur für Personal.　関係者以外立入禁止
- Kein Durchgang.　通り抜け禁止
- Nicht ans Geländer lehnen.　手すりに寄りかからないでください
- Bitte leise sprechen.　静かに話してください
- Bitte Hüte ab.　帽子を脱いでください（特に教会で）
- Betreten der Rasenfläche verboten.　芝生立入禁止
- Bitte nicht füttern.　餌をやらないでください

14 スーパーで

Im Supermarkt

Der Nächste, bitte.

お次の方、どうぞ。

100 g Emmentaler und 100 g Camembert, bitte.

エメンタール 100g とカマンベール 100g 下さい。

Ich möchte 200 g spanische Salami, bitte.

スペインサラミ 200g 下さい。

Ich bekomme drei Semmeln und einen Apfelkuchen, bitte.

ゼンメルパン 3 つとリンゴケーキを 1 ついただきます。

Wo ist das Mineralwasser?

ミネラルウォーターはどこですか？

Dort hinter diesem Regal.

この棚の裏です。

Entschuldigung, wo finde ich die Gewürze?

すみません、スパイスはどこにありますか？

Entschuldigung, ich suche die Gewürze.

すみません、スパイスを探しています。

単語ノート

bekommen もらう ／ dort あそこ ／ finden 見つける ／ Gewürz 中 スパイ
ス ／ hinter 〜の後ろ ／ Nächste 男 女 次の人 ／ Regal 中 棚 ／ Stück 中 〜
個 ／ suchen 探す

Ich möchte die Pfandflaschen zurückgeben.

このデポジットボトルを返したいのですが。

In der Getränkeabteilung gibt es einen Automaten.

飲料売り場に自動返却機があります。

Ab wann ist der Supermarkt geöffnet?

このスーパーは何時から開いていますか？

Der Supermarkt ist ab 7 Uhr geöffnet.

このスーパーは 7 時から開いています。

Bis wann ist der Supermarkt geöffnet?

このスーパーは何時まで開いていますか？

Der Supermarkt ist bis 7 Uhr abends geöffnet.

このスーパーは夜 7 時まで開いています。

Ist der Supermarkt morgen geöffnet?

このスーパーは明日開いていますか？

Nein, er ist geschlossen. Aber am Bahnhof können Sie einkaufen.

いいえ、閉まっています。ですが、駅で買い物ができますよ。

単語ノート

ab ～から／Automat 男 自動装置／bis ～まで／einkaufen 買い物をする／

geöffnet 開いている／geschlossen 閉まっている／Getränkeabteilung 女 飲

料売り場／Pfandflasche 女 デポジット対象のボトル／zurückgeben 返却する

15 市場で

Auf dem Markt

Ich hätte gern zwei Äpfel und einen Pfirsich.

リンゴ2つと桃1つ下さい。

Sonst noch etwas?

他には何か？

Nein, danke. Das ist alles.

いいえ、結構です。これで全部です。

Das macht zusammen 1,90 €.

合計で1ユーロ90セントになります。

Möchten Sie eine Tüte?

袋は要りますか？

Ja, bitte.

はい、お願いします。

Danke schön. Tschüs!

ありがとうございます。さようなら。

Tschüs! Schönen Tag noch!

さようなら。良い一日を。

単語ノート

Apfel 男 リンゴ ／ Aprikose 女 アンズ ／ Banane 女 バナナ ／ Birne 女 洋ナシ ／ Erdbeere 女 イチゴ ／ Himbeere 女 ラズベリー ／ Kirsche 女 サクランボ ／ Pfirsich 男 桃 ／ Pflaume 女 プラム ／ Traube 女 ブドウ

Woher sind die Tomaten?

このトマトはどこ産ですか？

Die sind aus Sizilien.

これはシチリア産です。

Aus welcher Gegend sind die Kartoffeln?

ジャガイモはどの地域のものですか？

Die sind aus der Region.

これはこの辺の地域のものです。

Ist das Bio?

これはオーガニックですか？

Ja, unsere Produkte sind alle Bio.

はい、うちの製品はすべてオーガニックです。

Wie bereitet man das zu?

これはどうやって調理したらいいですか？

Klein schneiden und mit Tomatensoße kochen.

小さく切って、トマトソースで煮込みます。

単語ノート

alle すべてのもの ／ Bio オーガニックの ／ dann それでは ／ Gegend 囡 地域 ／ kochen 煮る ／ Produkt 中 製品 ／ Region 囡 地域 ／ Tüte 囡 袋 ／ zubereiten 調理する

16 洋服屋で (1)   Im Kleidergeschäft (1)

CD 27

Kann ich Ihnen helfen?

何にいたしましょうか？

Ich suche einen Wintermantel.

冬のコートを探しています。

Ich möchte mich umsehen.

少し見て回りたいです。

Welche Farbe möchten Sie?

何色がいいですか？

Dunkelgrau.

ダークグレーがいいです。

Hier haben wir schicke Mäntel.

こちらに素敵なコートがあります。

Darf ich das anprobieren?

これを試着してもいいですか？

Ja, bitte. Die Umkleidekabinen sind dort.

はい、どうぞ。試着室はあちらです。

単語ノート

anprobieren 試着する ／ dort あそこ ／ Farbe 囡 色 ／ Größe 囡 サイズ ／ Mantel 男 コート ／ Nummer 囡 サイズ ／ schick 素敵な ／ Umkleide-kabine 囡 試着室 ／ umsehen 見て回る ／ Wintermantel 男 冬のコート

Welche Größe haben Sie?

サイズはいくつですか？

Größe 40.

40 です。

Haben Sie das in Größe 40?

これのサイズ 40 はありますか？

Haben Sie das eine Nummer größer / kleiner?

これのワンサイズ大きい／小さいのはありますか？

Haben Sie das in Blau?

これの青はありますか？

Haben Sie ein anderes Design?

他のデザインはありますか？

Ist das aus Baumwolle?

これは木綿製ですか？

Ich möchte etwas aus Baumwolle.

何か木綿のものがいいのですが。

単語ノート

aus Baumwolle 木綿製の ／ aus Kunstleder 人工皮革製の ／ aus Leder 本革製の ／ aus Leinen 麻製の ／ aus Seide シルク製の ／ aus Kunstfaser 化繊の ／ aus Wolle ウール製の

17 洋服屋で (2)

Im Kleidergeschäft (2)

CD 28

Das gefällt mir nicht.

これは好きではありません。

Das hier gefällt mir besser.

こっちの方が気に入りました。

Das passt mir nicht.

これは私には合いません。

Das ist mir zu groß.

これは私には大きすぎます。

Wie viel kostet das?

これはいくらですか？

Dieses T-Shirt kostet 7,80 €.

このTシャツは 7.80 ユーロです。

Wo ist die Kasse?

レジはどこですか？

Die Kasse ist dort neben der Rolltreppe.

レジはあそこのエスカレーターの隣です。

単語ノート

zu bunt 派手すぎる ／ zu eng きつすぎる ／ zu groß 大きすぎる ／ zu klein 小さすぎる ／ zu kurz 短すぎる ／ zu lang 長すぎる ／ zu sexy セクシーすぎる ／ zu teuer 高すぎる ／ zu unauffällig 地味すぎる ／ zu weit ゆるすぎる

Möchten Sie eine Tüte für 0,20 €?

20 セントの袋は要りますか？

Ja, bitte.

はい、お願いします。

Nein, danke.

いいえ、結構です。

Kann ich mit Kreditkarte bezahlen?

クレジットカードで払えますか？

Nein, wir nehmen leider keine Kreditkarten.

いいえ、あいにくクレジットカードは使えません。

Nein, bei uns kann man nur bar bezahlen.

いいえ、当店では現金でのみお支払いいただけます。

Unterschreiben Sie bitte hier!

ここにサインをしてください。

Bitte geben Sie Ihren PIN-Code ein.

暗証番号を入力してください。

単語ノート

bar 現金で ／ bezahlen 支払う ／ eingeben 入力する ／ Kreditkarte **女**
クレジットカード ／ leider 残念ながら ／ mit ～で ／ PIN-Code **男** 暗証番
号 ／ Tüte **女** 袋 ／ unterschreiben 署名する

コラム-10　　飲み物のボトルはデポジット制

　ドイツ語圏では、スーパーなどでボトル入りの飲み物を買うときは、中身の値段にプラスして容器の代金も支払います。対象はビールやジュースの瓶や缶、ビールケースなどで、ドイツではペットボトルにまで及びます。ですが、ワインの瓶や一部の瓶は対象外だったりと、分かりにくい部分もあります。そういうときは、ボトルのラベルを見ましょう。Pfandflasche（デポジット瓶）や　Mehrweg　（リターナブル）と書いてあったら、その瓶はゴミではありません。購入したお店に持って行くと、ボトル代が現金あるいはそのお店で利用できるクーポンで戻ってきます。ただし、ペットボトルの場合、ラベルを剥がしてしまうとただのゴミになってしまうので、ご注意を。

　デポジット制はお祭りやクリスマスマーケットなどでも導入されていて、グラスやマグカップの代金をプラスしてドリンクを購入します。そのグラスやマグカップは、返却したらお金が返ってきますし、返却せずに記念として持ち帰ることもできます。

コラム-11　　スーパーのレジで

　スーパーのレジでは、購入する商品を自分で、ショッピングカートからレジ係の前のベルトコンベアー式になっている台に乗せます。その際、前のお客さんが購入するものと区別できるように、間に Warentrenner（商品を分けるもの）と呼ばれる短い棒状のものを置きます。レジ係がスキャンし終わった商品は、再び自分でカートや袋に入れます。（ここでは少しスピードが求められます。）ちなみに、ショッピングカートはスーパーの入り口付近に置いてあり、他のカートとチェーンでつながっているので、借りるためには1ユーロまたは2ユーロコインが必要ですが、カートを返却するとそのコインは戻ってきます。

　　　　ショッピングバッグを忘れずに

　最近は、スーパーだけでなく、デパートや個人商店でも、買ったものを入れる袋が有料の所がほとんどです。ですので、自分でショッピングバッグ（ Einkaufstasche ）を持っていく必要があります。持っていない場合は、袋を購入するか、荷詰台に段ボールが置いてあったら、それを使うこともできます。スーパーのロゴが入った布製のバッグもお手頃な値段で販売されているので、ちょっとした記念に購入しても良いかもしれません。

　小物も売っているようなドラッグストアには、荷詰台の近くにプレゼントを包むためのシンプルな包装紙とリボンが置いてあるところがあります。それらで購入したものを自由に包むことができますが、持ち運ぶための袋はやはり有料です。

　　　サイズ比較 ── 日本とドイツ語圏

服 Kleidung			
メンズ		レディース	
S	44	7号	34
M	46	9号	36
L	48	11号	38
LL	50	13号	40
3L	52	15号	42

靴 Schuhe	
22.5 cm	35
23 cm	36
23.5 cm	37
24 cm	38
24.5 cm	39
25 cm	40
25.5 cm	41
26 cm	42
26.5 cm	43
27 cm	44
27.5 cm	45

18 話せる言語について聞く　　Über Sprachen sprechen

P
a
r
t
3

Sprechen Sie Englisch?

英語を話せますか？

Ja, ich spreche Englisch.

はい、英語を話せます。

Nein, ich spreche nur Deutsch.

いいえ、ドイツ語しかできません。

Können Sie Deutsch?

ドイツ語ができますか？

Ja, ein bisschen.

はい、少し。

Nein, leider nicht.

いいえ、残念ながらできません。

Welche Sprachen sprechen Sie?

何語を話しますか？

Ich kann Japanisch, Englisch und ein bisschen Deutsch.

日本語と英語と少しドイツ語ができます。

単語ノート

Chinesisch 中国語 ／ Deutsch ドイツ語 ／ Englisch 英語 ／ Französisch フランス語 ／ Italienisch イタリア語 ／ Japanisch 日本語 ／ Koreanisch 韓国(朝鮮)語 ／ Russisch ロシア語 ／ Spanisch スペイン語

Wie heißt das auf Deutsch?

これはドイツ語で何と言いますか？

Ich kann Englisch besser als Deutsch.

ドイツ語より英語の方ができます。

Sind Sie Japaner/Japanerin?

日本の方ですか？

Ja, ich bin Japaner/Japanerin.

はい、日本人です。

Sind Sie Chinese/Chinesin?

中国の方ですか？

Nein, ich bin Japaner/Japanerin.

いいえ、日本人です。

Spricht hier jemand Englisch?

ここに英語を話す方はいますか？

Sie sprechen sehr gut Japanisch.

日本語がとても上手ですね。

単語ノート

Chinese/Chinesin 中国人 ／ Deutscher/Deutsche ドイツ人 ／ Japaner/
Japanerin 日本人 ／ Koreaner/Koreanerin 韓国（朝鮮）人 ／ Österreicher/
Österreicherin オーストリア人 ／ Schweizer/Schweizerin スイス人
※男性には左側の、女性には右側の表現を使います。

⑲ 場所・行き方を尋ねる　　Nach dem Weg fragen

CD 30

Wo ist das Hotel Lindenwald?

ホテル・リンデンヴァルトはどこですか？

Das Hotel ist dort neben dem Café.

そのホテルは、あそこのカフェの隣です。

Wie komme ich zum Rathaus?

市庁舎へはどうやって行けばいいですか？

Gehen Sie hier nach rechts. Dann sehen Sie vorne das Rathaus.

ここを右に行ってください。そうしたら前方に市庁舎が見えます。

Es tut mir leid, ich bin auch nicht von hier.

申し訳ありません、私もここの人間ではないのです。

Könnten Sie mir bitte sagen, wie ich zum Rathaus komme?

市庁舎へはどうやって行けばいいか、教えていただけますか？

Entschuldigung, wo ist die Toilette?

すみません、トイレはどこですか？

Hier geradeaus, dann die zweite Tür rechts.

ここをまっすぐ行って、２つ目の扉を右です。

単語ノート

nach rechts / links 右へ／左へ ／ geradeaus まっすぐ ／ auf der rechten

Seite 右側に ／ auf der linken Seite 左側に ／ vor ～の前 ／ hinter ～の裏

／ gegenüber ～の向かい側 ／ neben ～の隣

Wie komme ich zum Stadtmuseum?

市立美術館へはどうやったら行けますか？

Nehmen Sie den Bus Nummer 12 und steigen Sie an der Goethestraße aus.

12番のバスに乗って「ゲーテ通り」で降りてください。

Wie weit ist es von hier bis zum Museum?

ここから美術館までどのくらいの距離ですか？

Das sind ungefähr 2 km von hier.

ここから大体2キロくらいです。

Wie lange braucht man dorthin zu Fuß?

そこまで徒歩でどのくらいかかりますか？

Ich glaube, man braucht zu Fuß ca. eine halbe Stunde.

徒歩では30分くらいかかると思います。

Wo sind wir jetzt?

今どこですか？ ［地図を見せながら］

Wir sind jetzt hier an der Ecke Poststraße / Schillerstraße.

今はここ、ポスト通りとシラー通りの角にいます。

単語ノート

Auto 中 自動車 ／ Bus 男 バス ／ S-Bahn 女 都市鉄道 ／ Schwebebahn

女 モノレール ／ Seilbahn 女 ロープウェー ／ Straßenbahn 女 路面電車

／ Taxi 中 タクシー ／ U-Bahn 女 地下鉄 ／ Zug 男 列車

20 ホテルにチェックインする　　　　Im Hotel einchecken

Haben Sie ein Doppelzimmer für heute frei?

今晩、ダブルルームは空いていますか？

Haben Sie ein Einzelzimmer mit Bad?

バスタブ付きのシングルルームはありますか？

Für wie viele Nächte?

何泊ですか？

Für zwei Nächte, bitte.

2泊です。

Wie viel kostet das Zimmer pro Nacht?

この部屋は1泊いくらですか？

Ich habe ein Doppelzimmer für drei Nächte reserviert.

ダブルルームを3泊予約しました。

Füllen Sie bitte dieses Formular aus.

この用紙に記入してください。

Ich bräuchte auch Ihren Ausweis, bitte.

お客さまの身分証明書も必要です。

単語ノート

ausfüllen 記入する ／ Ausweis 男 身分証明書 ／ Bad 中 風呂 ／ Doppel-

zimmer 中 ダブルルーム ／ Dusche 女 シャワー ／ Einzelzimmer 中 シング

ルルーム ／ Formular 中 記入用紙 ／ Frühstück 中 朝食

Wann gibt es das Frühstück?

朝食はいつですか？

Sie können von 6 bis 10 Uhr frühstücken.

6時から10時まで朝食を取ることができます。

Und wo gibt es das Frühstück?

朝食はどこで食べられますか？

Der Frühstücksraum ist im Erdgeschoss.

朝食ルームは1階です。

Wie lautet das Passwort für das WLAN?

WiFiのパスワードは何ですか？

Das Passwort finden Sie in Ihrem Zimmer.

パスワードはお部屋にございます。

Haben Sie sonst noch Fragen?

他にご質問はありますか？

Nein, im Moment nicht.

いいえ、今のところありません。

── 単語ノート ──

mit 〜付きの ／ Nacht 女 夜 ／ Name 男 名前 ／ ohne 〜なしの ／ Passwort 中 パスワード ／ reservieren 予約する ／ WC 女 トイレ ／ WLAN 中 WiFi ／ Zweibettzimmer 中 ツインルーム

21 ホテルで問題が発生する　　　**Probleme im Hotel**

Es kommt kein warmes Wasser.

お湯が出ません。

Das Bad ist schmutzig.

風呂が汚れています。

Die Toilette ist schmutzig.

トイレが汚れています。

Die Dusche ist schmutzig.

シャワーが汚れています。

Das Zimmer ist schmutzig.

部屋が汚れています。

Das Bettzeug ist schmutzig.

寝具が汚れています。

Die Handtücher sind schmutzig.

タオルが汚れています。

Das Bett ist staubig.

ベッドがほこりだらけです。

単語ノート

Bad 中 風呂 ／ Bettzeug 中 寝具 ／ Dusche 女 シャワー ／ Handtuch 中 タオル ／ schmutzig 汚れている ／ staubig ほこりだらけの ／ Toilette 女 トイレ ／ warm 温かい ／ Wasser 中 水 ／ Zimmer 中 部屋

Es gibt keine Handtücher im Zimmer.

部屋にタオルがありません。

Die Heizung funktioniert nicht.

暖房がつきません。

Die Klimaanlage funktioniert nicht.

エアコンがつきません。

Die Lampe funktioniert nicht.

電灯がつきません。

Ich kann das Fenster nicht öffnen.

窓が開けられません。

Im Nachbarzimmer ist es laut.

隣の部屋がうるさいです。

Das Zimmer wurde noch nicht gereinigt.

部屋がまだ掃除されていません。

Ich habe den Schlüssel im Zimmer vergessen.

鍵を部屋に忘れてしまいました。

単語ノート

Fenster 中 窓 ／ funktionieren 機能する ／ Heizung 女 暖房 ／ Klimaanlage 女 エアコン ／ Lampe 女 電灯 ／ laut うるさい ／ Nachbarzimmer 中 隣の部屋 ／ reinigen きれいにする ／ Schlüssel 男 鍵 ／ vergessen 忘れる

22 ホテルをチェックアウトする　Im Hotel auschecken

CD 33

Bis wann soll ich auschecken?
何時までにチェックアウトしなければいけませんか？

Ich möchte auschecken.
チェックアウトしたいです。

Haben Sie etwas aus der Minibar genommen?
ミニバーから何かお飲みになりましたか？

Ja, eine Apfelschorle und ein Bier.
はい、リンゴジュースの炭酸割りとビールを1本。

Nein.
いいえ。

Ich brauche eine Rechnung, bitte.
領収書が必要です。

Kann ich meinen Koffer bis 14 Uhr hier lassen?
14時までスーツケースをここで預かってもらえますか？

Ich möchte meinen Koffer abholen.
スーツケースを取りに来ました。

単語ノート

abholen 取りに行く ／ auschecken チェックアウトする ／ brauchen 必要とする ／ etwas 何か ／ nehmen／genommen 取る ／ Koffer 男 スーツケース ／ lassen 預けておく ／ Rechnung 女 領収書

Wann wollen Sie morgen abreisen?

明日、何時に出発されますか？

Ich werde gegen 9 Uhr auschecken.

9時ごろにチェックアウトしようと思います。

Ich muss morgen sehr früh abreisen.

明日の朝、とても早く出発しなければいけません。

Kann ich schon jetzt bezahlen?

もう今、支払いをしてもいいですか？

Ich möchte ein Taxi für morgen früh bestellen.

明日の朝のタクシーを予約したいです。

Bitte rufen Sie ein Taxi für mich.

タクシーを呼んでください。

Bezahlt habe ich schon bei der Reservierung im Internet.

支払いはもうインターネット予約の際に済んでいます。

Ich möchte noch eine Nacht länger bleiben. Geht das?

もうひと晩泊まりたいのですが、可能ですか？

単語ノート

abreisen 出発する ／ bestellen 予約する ／ bezahlen／bezahlt 支払う ／
früh (時間が)早い ／ gegen ～時ごろ ／ jetzt 今 ／ morgen 明日 ／ rufen 呼
ぶ ／ schon もう ／ Taxi 中 タクシー ／ übernachten 宿泊する

23 体調が悪い　　　　　　Sich nicht wohl fühlen

Ich habe Fieber.

熱があります。

Ich habe Kopfschmerzen.

頭が痛いです。

Ich habe Bauchschmerzen.

お腹が痛いです。

Ich habe Zahnschmerzen.

歯が痛いです。

Ich habe Durchfall.

下痢をしています。

Ich fühle mich nicht wohl.

気分がよくありません。

Ich habe keinen Appetit.

食欲がありません。

Ich kann nicht gut schlafen.

よく眠れません。

単語ノート

Appetit 男 食欲 ／ Bauchschmerzen 複 腹痛 ／ Durchfall 男 下痢 ／ Fieber
中 熱 ／ gut よく ／ Kopfschmerzen 複 頭痛 ／ schlafen 眠っている ／
wohl 元気で ／ Zahnschmerzen 複 歯痛

Wo gibt es eine Apotheke?

薬局はどこにありますか？

Ich möchte zu einem Arzt.

医者に行きたいです。

Gibt es hier in der Nähe eine Arztpraxis?

近くに医者はありますか？

Haben Sie eine Krankenversicherung?

健康保険に入っていますか？

Ja, ich habe eine Auslandskrankenversicherung.

はい、（ドイツから見て）国外の健康保険に入っています。

Ja, ich habe eine Touristenversicherung.

はい、旅行者保険に入っています。

Ich brauche eine Rechnung.

領収書が必要です。

Nehmen Sie das Medikament dreimal täglich vor dem Essen.

お薬は1日3回、食前に飲んでください。

単語ノート

Apotheke 女 薬局／Arzt 男 医者／Arztpraxis 女 診療所／Ausland 中 外国／

Essen 中 食事／Krankenversicherung 女 健康保険／Medikament 中 薬／

Rechnung 女 領収書／täglich 毎日／Versicherung 女 保険／vor 〜の前

24 紛失、迷ったとき、泥棒　　Verlust, sich verlaufen, Diebstahl

Mein Koffer ist nicht da.

私のスーツケースがありません。

Mit welchem Flug sind Sie gekommen?

どの便でいらっしゃいましたか？

Mit LH717.

LH717 です。

Welche Farbe hat Ihr Koffer?

スーツケースは何色ですか？

Dunkelblau.

紺です。

Aus welchem Material ist Ihr Koffer?

スーツケースの材質は何ですか？

Aus Plastik.

プラスチック製です。

Was ist in Ihrem Koffer?

スーツケースには何が入っていますか？

単語ノート

Buch 匣 本 ／ dunkelblau 紺色 ／ Farbe 囡 色 ／ Flug 男 フライト ／ Kleid 匣 衣服 ／ Koffer 匣 スーツケース ／ Kosmetik 囡 化粧品 ／ Material 匣 材質 ／ Plastik 匣 プラスチック ／ Souvenir 匣 土産

Kleider, Kosmetik, Bücher und Souvenirs.

衣服、化粧品、本、お土産です。

Ich finde den Weg nicht.

道が分かりません。

Können Sie mir zeigen, wo wir gerade sind?

私たちが今どこにいるか教えてくださいますか？

Wo ist die Polizei?

警察はどこですか？

Ich habe meinen Reisepass verloren.

パスポートをなくしました。

Ich habe meine Portemonnaie verloren.

財布をなくしました。

Ich habe mein Flugticket verloren.

飛行機のチケットをなくしました。

Meine Tasche ist weg.

私のバッグがなくなりました。

単語ノート

finden 見つける ／ Flugticket 中 航空券 ／ gerade 今 ／ Polizei 女 警察 ／

Portemonnaie 中 財布 ／ Reisepass 男 パスポート ／ Tasche 女 鞄 ／ Weg

男 道 ／ weg なくなって ／ verlieren／verloren 失う ／ zeigen 示す

　　　　　1 階は 1 階ではない？

　ドイツ語圏では、日本で言う1階を Erdgeschoss（地上階）[エアトゲショス]と、2階を erster Stock[シュトック]（1階）、3階を zweiter Stock[ツヴァイターシュトック]（2階）と呼びます。ですので、エレベーターで1階に行きたいときは「1」ではなく「EG」や「E」のボタンを押さなくてはいけません。さもないと、永遠に建物の外に出られなくなってしまうかもしれません。ちなみに「UG」や「U」は地下階（Untergeschoss）[ウンターゲショス]を指します。また、オーストリアでは時々、「M」という階もありますが、これは Mezzanin（中二階）[メツァニーン]のことで、古い建物でよく見かけます。

　　　　　正しく記入するために

　ホテルにチェックインすると、インターネット予約などで事前にこちらの情報を伝えていない場合、宿泊者台帳に記入するよう求められます。どの欄にどの情報を記入するのか、次の単語を知っておくと良いでしょう。

・ Formular 　中 記入用紙
・ Vorname 　男 下の名前
・ Familienname 　男 名字
・ Adresse 　女 住所
・ PLZ (Postleitzahl) 　女 郵便番号
・ Telefonnummer 　女 電話番号
・ Dokumentnummer 　女 身分証明書番号　※日本人だったらパスポート番号
・ Geburtsdatum 　中 誕生日　※ドイツ語は日・月・西暦の順
・ Nationalität 　女 国籍　※日本人だったら Japanisch
・ Datum 　中 日付　※記入した日。日・月・西暦の順で
・ Unterschrift 　女 サイン

コラムー 16　　　　水道水はどんな味？

　ドイツ語圏の水道水は、飲んでも衛生的には全く問題ありません。ですが、軟水の日本の水と違い硬水であるため、緑茶を入れると、思っていなかった色になることも少なくありません。また、日本から持っていったシャンプーや洗剤などは、泡立ちがとても悪くなります。

　ドイツの家庭では習慣的に、水道水ではなく、ボトル入りの水を買ってきて飲むことが多いです。一方、オーストリアでは普通に水道水を飲みます。たとえばウィーンの水道水は近くのアルプスから直接引いてきているので、蛇口をひねれば夏でも冷たいミネラルウォーターが出てきます。そのため、レストランで Leitungswasser（水道水）を注文することもできます。もちろん無料です。また、カフェでは、コーヒーを注文したらコップ1杯の水道水がセットで付いてくるのがウィーン風です。

コラムー 17　　　　ウェイターは担当制

　カフェやレストランで複数のウェイターやウェイトレスがいる所では、誰がどのテーブルを担当するか決まっています。たいていの場合、注文を取りに来た人が会計も担当しますので、支払いをする際には、同じ人に Zahlen, bitte !（お会計をお願いします）と声をかけます。また、ウェイトレスやウェイターの勤務時間が担当した客が帰るよりも先に終わる場合は、その時点でいったん精算を行い、その後の注文や会計は次の担当ウェイター、ウェイトレスに頼むことになります。そうすることで、サービスしてくれた人にチップを払うことができます。

アルコールは何歳から？

　日本では20歳で成人となり、アルコールも20歳から飲むことが法律で許されています。一方、ドイツ、オーストリア、スイスでは、18歳で成人を迎え、ビールとワインは16歳から、蒸留酒など度数が高いアルコールは18歳から購入したり、飲んだりできると法律で定められています。さらに、ドイツの青少年保護法では、16歳未満でも、14歳以上で、かつ保護者の同伴があれば、ビールとワインを購入し、飲むことができるとされています。ちなみに、スイスでは唯一ティチーノ州だけが、18歳未満に対するあらゆる種類のアルコールの販売を禁じています。

スリに注意！

　ヨーロッパの中では比較的安全と言われているドイツ語圏でも、スリ (Taschendieb) には気を付ける必要があります。財布をズボンの後ろポケットに入れて歩かないのはもちろんのこと、バッグもチャックで閉められるタイプのもの、できれば、さらにふたをかぶせてチャックが隠せるものが理想的です。現地の人でもリュックサックを使っている人は多いですが、貴重品は取り出しやすい場所に入れない、持つときは身体の前の方に持っていき、手で押さえるなど、意識をリュックに持っていくことが大事です。特に注意が必要なのは、大きい駅、蚤の市やクリスマスマーケット、大晦日の夜の街中など、人が多く集まる場所です。できれば荷物は必要最小限にしたいところです。そして、カフェやレストランで屋外に座るときも、ついバッグを隣の椅子や足元に置いてしまいますが、これもお勧めできません。膝の上に置き、自分の身体から離さないのが良いでしょう。最近では、電車のドアの近くで携帯電話やタブレット端末を使用していたら、駅でドアが開いたときに、ホームを歩いていた人に奪われたという話も耳にしたことがあります。

Part 4

応用編

1 ちょっと突っ込んで話す　　　Sich näher kennenlernen

CD 36

Heute ist so ein schönes Wetter.

今日はとても良い天気ですね。

Heute war es sehr warm.

今日はとても暖かったですね。

Ich heiße Taro Yamada.

私の名前は山田太郎です。

Wie heißen Sie?

あなたのお名前は？

Ich heiße Lisa Meyer.

私の名前はリーザ・マイヤーです。

Wie schreibt man das?

どのようにつづるのですか？

Woher kommen Sie?

ご出身はどちらですか？

Ich komme aus Japan, aus Tokio. Und Sie?

日本の東京出身です。あなたは？

--- 文化ノート ---

バーや飲み屋で誰かに話しかけるとき、いきなり名前などを聞いて始めると、やはり微妙な空気になります。まずは軽くあいさつして、天気など当たり障りのない話題で様子をうかがい、徐々に会話を進めるのが良いでしょう。

Ich komme aus Berlin.

ベルリン出身です。

Sind Sie aus dieser Gegend?

この辺のご出身ですか？

Nein, ursprünglich bin ich aus Dresden.

いいえ、元々はドレスデン出身です。

Wohnen Sie auch in Tokio?

お住まいも東京ですか？

Nein, zurzeit wohne ich in Osaka.

いいえ、今は大阪に住んでいます。

Wohnen Sie in Deutschland?

ドイツに住んでいらっしゃるのですか？

Nein, ich bin geschäftlich hier.

いいえ、仕事で来ました。

Nein, ich bin bei Freunden zu Besuch.

いいえ、友人に会いに来ました。

文化ノート

名前や出身、職業などは初対面で聞いても大丈夫ですが、年齢は、相手が男性だろうと、女性だろうと、聞くものではありません。相手が自分より年上だろうと年下だろうと、素敵な時間が過ごせれば良いじゃないですか。

Nein, ich mache hier Urlaub.

いいえ、ここで休暇を過ごしています。

Nein, ich reise durch Europa.

いいえ、ヨーロッパを旅行中です。

Ja, ich arbeite hier.

はい、ここで働いています。

Ja, ich studiere hier.

はい、ここで大学に通っています。

Was studieren Sie?

何を学んでいらっしゃるのですか？

Ich studiere Politikwissenschaften.

政治学を学んでいます。

Was sind Sie von Beruf?

ご職業は何ですか？

Was machen Sie beruflich?

お仕事は何をなさっていますか？

文化ノート

仕事について聞くのはアリだと言いましたが、それでもインタビューのように「名前は？」「出身は？」「職業は？」と質問責めにするのはスマートではありません。相手の答えの中から、次の会話のキーワードを見つけましょう。

Ich bin Ingenieur / Ingenieurin.

エンジニアです。

Ich bin Student / Studentin.

学生です。

Wie lange sind Sie schon in Deutschland?

ドイツにはもうどのくらいいらっしゃいますか？

Erst eine Woche.

ようやく1週間です。

Schon drei Monate.

もう3カ月になります。

Sind Sie schon lange in Deutschland?

ドイツにはもう長いこといらっしゃるのですか？

Ja, seit einem Jahr.

はい、1年前からです。

Nein, erst seit einer Woche.

いいえ、1週間前からです。

男性形・女性形

職業名は男性と女性で形が異なります。例外もありますが、男性形の最後に
inをプラスすると女性形になります。たとえば、男性エンジニアIngenieurは
Ingenieurinにすると、女性エンジニアになります。

Wo waren Sie schon in Deutschland?

ドイツではもうどこに行かれましたか？

Ich war in München und Rothenburg.

ミュンヘンとローテンブルクに行きました。

Waren Sie schon in Dresden?

ドレスデンにはもう行かれましたか？

Ja, es war sehr schön.

はい、とても素敵でした。

Nein, leider noch nicht.

いいえ、残念ながらまだです。

Dann empfehle ich Ihnen, dort einmal hinzufahren.

では、一度訪れることをお勧めします。

Was haben Sie noch vor?

他にどんなご予定がありますか？

Morgen fahre ich nach Wien.

明日はウィーンに行きます。

文化ノート

行ったことがある国の話になると、当然、日本のこともよく聞かれます。日本の文化や習慣、歴史だけでなく、人口、ある都市や地方が東京からどのくらい離れているかなど、数値的なこともよく質問されます。

Ich möchte noch Schloss Neuschwanstein besuchen.

ノイシュヴァンシュタイン城にも行きたいです。

Ich möchte noch an die Ostsee fahren.

バルト海にも行きたいです。

Wie lange bleiben Sie noch in Deutschland?

ドイツには、あとどのくらい滞在されるのですか？

Ich fliege schon morgen zurück.

明日もう帰国します。

Ich bleibe noch vier Tage.

あと4日間います。

Waren Sie schon einmal in Japan?

日本に行かれたことはありますか？

Ja, in Japan war ich schon zweimal.

はい、日本にはもう2回行ったことがあります。

Nein, ich war noch nie in Japan.

いいえ、日本にはまだ1度も行ったことがありません。

文化ノート

ちなみに、このように初対面の人と会話が始まったとしても、大切なのは、相手の目を見て話し、聞くことです。相手の目を直視するのに慣れていない人は、目のちょっと下を見るのも良いかもしれません。

Wo in Japan waren Sie schon?

日本ではどこに行かれたことがありますか？

Was haben Sie in Japan gemacht?

日本では何をなさいましたか？

Was machen Sie in der Freizeit?

暇なときには何をされますか？

Ich mache gern Sport.

スポーツをするのが好きです。

Ich gehe oft wandern.

よくハイキングに行きます。

Ich gehe oft ins Museum.

よく美術館（博物館）に行きます。

Ich spiele in einem Orchester.

オーケストラに入っています。

Was spielen Sie?

何の楽器を弾かれるのですか？

--- 文化ノート ---

時には、うまく文で答えられないこともあります。そのような場合は、単語でも良いので、相手が一番知りたい情報を答えましょう。その際、どの疑問詞で質問が始まったか聞き取れると良いですね。

Ich spiele Geige.

バイオリンを弾いています。

Ich sehe gern Filme.

映画を見るのが好きです。

Was ist Ihr Lieblingsfilm?

お気に入りの映画は何ですか？

Mein Lieblingsfilm ist „Der Himmel über Berlin".

「ベルリン・天使の詩」がお気に入りです。

Darf ich Sie auf ein Glas Wein einladen?

ワインを1杯ご馳走させていただけますか？

Sind Sie bei Facebook?

Facebook はやっていますか？

Ja, ich heiße dort „Lisam".

はい、「Lisam」というアカウント名です。

Nein.

いいえ、やっていません。

文化ノート

少し前まではメールアドレスを、その昔は住所を交換したものですが、今では、
メッセージアプリを使う人も多いでしょう。手紙やメールよりも短い文章で済
むので、ぜひドイツ語のメッセージにトライしてみましょう。

Hier ist meine E-Mail-Adresse.

これが私のメールアドレスです。

Können Sie mir bitte Ihre E-Mail-Adresse geben?

メールアドレスを教えていただけますか？

Kann ich Ihre E-Mail-Adresse haben?

メールアドレスをいただけますか？

Ja, gerne. Ich schreibe sie hier auf.

はい、喜んで。ここにアドレスを書きますね。

Nein!

いいえ、嫌です。

Kann ich Ihnen nachher eine Mail schreiben?

後でメールを差し上げてもいいですか？

Ich schicke Ihnen eine Mail.

メールを送ります。

Ich habe mich gefreut, Sie kennenzulernen.

お知り合いになれてうれしかったです。

文化ノート

メールアドレスやSNSのアカウントを気軽に教えてくれるかは、日本と同じく相手次第です。Nein!と言われたら、深追いしないのが賢明でしょう。

Melden Sie sich bei mir, wenn Sie in Japan sind.

日本にいらしたら、ご連絡ください。

Gute Nacht. Alles Gute.

おやすみなさい。お元気で。

Auf Wiedersehen. Alles Gute.

さようなら。お元気で。

Vielen Dank für die Einladung.

ごちそうしてくださって、ありがとうございました。

Danke für den schönen Abend.

素敵な夜をありがとうございました。

Kommen Sie gut nach Hause.

気を付けてお帰りください。

Schönen Aufenthalt.

素敵なご滞在を。

Guten Flug.

良いフライトを。

文化ノート

楽しいひとときを気分よく終わらせるためには、最後のあいさつも重要です。

Auf Wiedersehen. だけでもダメではありませんが、そこに1つか2つのあいさ

つをプラスすると、より良いでしょう。

② 日本でドイツ語圏の人と話してみる　In Japan mit Gästen auf Deutsch sprechen

Sind Sie zum ersten Mal in Japan?

日本は初めてですか？

Ja, das ist mein erster Besuch in Japan.

はい、これが初めての日本訪問です。

Nein, ich bin zum zweiten Mal in Japan.

いいえ、日本は 2 度目です。

Wo waren Sie schon in Japan?

日本ではもうどこに行かれましたか？

Ich war in Kioto, Nara und Hiroshima.

京都、奈良、広島に行きました。

Waren Sie schon auf Okinawa?

沖縄にはもう行かれましたか？

Ja, es war wunderschön.

はい、とても素敵でした。

Nein, noch nicht. Es soll sehr schön sein.

いいえ、まだです。とてもきれいだと聞いています。

単語ノート

あんこ **女** süße Bohnenpaste ／ うどん **複** Weizennudeln ／ 梅干し **女** in Salz eingelegte saure Pflaume ／ 枝豆 **複** grüne Sojabohnen ; Edamame ／ お好み焼き **男** japanischer Pfannkuchen ／ おにぎり **中** Reisbällchen

Welche Städte fanden Sie bisher am besten?

これまでどの町がいちばん良かったですか？

In Kioto hat es mir am besten gefallen.

京都が一番気に入りました。

Was haben Sie in Japan gemacht?

日本では何をなさいましたか？

Gestern war ich im Kabuki-Theater.

昨日は歌舞伎を見ました。

Schön. Ich selber war noch nie beim Kabuki.

良いですね。私はまだ歌舞伎を見たことがありません。

Wie hat es Ihnen in Japan gefallen?

日本はいかがでしたか？

Es war alles sauber und die Leute waren sehr freundlich.

すべてが清潔で、人々がとてもフレンドリーでした。

Welche japanischen Gerichte haben Ihnen geschmeckt?

どの日本の料理がおいしかったですか？

単語ノート

ガリ 男 eingelegter Ingwer ／ 昆布 男 Seetang ／ 日本酒 男 Reiswein ／

刺身 中 Sashimi ／ しいたけ 男 Shiitakepilz ／ 焼酎 男 japanischer

Schnaps aus Süßkartoffeln, Reis, Weizen usw. ／ 醤油 女 Sojasoße

Alles hat mir gut geschmeckt.

全部おいしかったです。

Haben Sie schon mal Sake probiert?

日本酒はもう試されましたか？

Was ist Sake?

「Sake」って何ですか？

Sake ist Wein aus Reis.

「Sake」は米で作られたワインのことです。

Was ist Tempura?

天ぷらって何ですか？

Tempura sind in Eierteig frittierte Meeresfrüchte oder Gemüse.

天ぷらは、魚介類や野菜に衣をつけて揚げたもののことです。

Wie lange sind Sie schon in Japan?

日本にはもうどのくらいいらっしゃいますか？

Ungefähr zehn Tage.

約10日です。

単語ノート

すし 中 Sushi ／ せんべい 男 Reiskräcker ／ そば 複 Buchweizennudeln ／

たけのこ 複 Bambussprossen ／ だし 女 klare Brühe aus Bonito, Seetang

usw. ／ 天ぷら 中 Tempura ／ 豆乳 女 Sojamilch ／ 豆腐 男 Tofu

Was haben Sie noch vor?

他に何を予定されていますか？

Morgen fahre ich weiter nach Norden.

明日は北に向けて移動します。

Ich besuche noch Hakone und Kamakura.

あと、箱根と鎌倉に行きます。

Wie lange bleiben Sie noch in Japan?

日本にはあとどのくらい滞在されますか？

Ich fliege schon morgen zurück.

もう明日には帰国します。

Ich bleibe noch eine Woche.

あと１週間います。

Waren Sie schon mal in Deutschland?

ドイツに行かれたことはありますか？

Ja, ich war einmal in Deutschland.

はい、１度ドイツに行ったことがあります。

単語ノート

丼 中 Schüsselgericht ／ トンカツ 中 Schweineschnitzel ／ 納豆 複 gego-

rene Sojabohnen ／ のり 複 Algen ／ ふぐ 男 Kugelfisch ／ 巻きずし 女

Maki-Rolle ／ みそ 女 Sojabohnenpaste

Ja, ich bin geschäftlich oft in Deutschland.

はい、仕事でよくドイツに行きます。

Ja, als Kind habe ich in München gewohnt.

はい、子どものときにミュンヘンに住んでいました。

Nein, ich war noch nie in Deutschland.

いいえ、ドイツにはまだ行ったことがありません。

Ich möchte irgendwann mal Deutschland besuchen.

いつかドイツに行ってみたいです。

Wo in Deutschland waren Sie schon?

ドイツではどこに行かれたことがありますか？

Ich war in Berlin und München.

ベルリンとミュンヘンに行ったことがあります。

Was haben Sie in Deutschland gemacht?

ドイツでは何をなさいましたか？

Ich habe das Reichstagsgebäude besichtigt.

連邦議会議事堂を見学しました。

単語ノート

みそ汁 [女] Misosuppe ／ 餅 [男] Reiskuchen ／ ワカメ [男] Riesenblätter-

tang (Wakame) ／ ラーメン [女] chinesische Nudelsuppe ／ わさび [男]

japanischer Meerrettich

Ich habe mehrere Biergärten besucht.

色々なビアガーデンに行きました。

Ich trinke gern deutsches Bier.

ドイツのビールが好きです。

Ich habe dort studiert.

大学に通っていました。

Meine Firma hat mich dorthin versetzt.

会社から派遣されました。

Was sind Sie von Beruf?

ご職業は何ですか？

Was machen Sie beruflich?

お仕事は何をなさっていますか？

Sind Sie bei Facebook?

Facebook はやっていますか？

Ja, ich heiße dort „Lisam".

はい、「Lisam」というアカウント名です。

単語ノート

祈る beten ／ 居酒屋 [女] Kneipe ／ 絵馬 [女] Votiftafel ／ 干支(えと) [中] Tierkreiszei-

chen ／ お守り [中] Amulett ／ おみくじ [中] Orakelzettelchen ／ 歌舞伎 [中]

Kabuki-Theater ／ 着物 [男] Kimono

Nein.

いいえ、やっていません。

Hier ist meine E-Mail-Adresse.

これが私のメールアドレスです。

Können Sie mir Ihre E-Mail-Adresse geben?

メールアドレスを教えていただけますか？

Kann ich Ihre E-Mail-Adresse haben?

メールアドレスをいただけますか？

Ja, gerne. Ich schreibe sie hier auf.

はい、喜んで。ここにアドレスを書きますね。

Hier ist meine Visitenkarte.

これが私の名刺です。

Kann ich Ihnen nachher eine Mail schreiben?

後でメールを差し上げてもいいですか？

Ich schreibe Ihnen.

メール（手紙）を送ります。

単語ノート

桜 **女** Kirschblüte ／ 下駄 **複** japanische Holzsandale ／ 参道 **女** Straße zum Schrein ／ 障子 **女** Papierschiebetür (aus dünnem Papier) ／ 神社 **男** Schrein ／ 相撲 **中** Sumo

Ich habe mich gefreut, Sie kennenzulernen.

お知り合いになれてうれしかったです。

Melden Sie sich, wenn Sie nach Deutschland kommen.

ドイツにいらっしゃるときは連絡ください。

Ich melde mich, wenn ich in Deutschland bin.

ドイツに行ったら連絡します。

Gute Nacht und alles Gute.

おやすみなさい。お元気で。

Auf Wiedersehen und alles Gute.

さようなら。お元気で。

Ich wünsche Ihnen noch einen schönen Aufenthalt in Japan.

素敵な日本でのご滞在をお祈りしています。

Kommen Sie gut nach Hause.

気をつけてお帰りください。

Guten Flug.

良いフライトを。

単語ノート

草履 複 japanische Strohsandale ／ 畳 女 Tatami; Strohmatte ／ 足袋 複 japanische Socken ／ 寺 男 Tempel ／ ふすま 女 Papierschiebetür (aus festem Papier) ／ 浴衣 男 Sommerkimono

Manga と Comic

　日本の漫画やアニメが海外で人気が出て久しいですが、ドイツ語圏も例外ではありません。テレビでもたくさんの日本のアニメがドイツ語に吹き替えられて放映されていますし、大きい本屋では、欧米の漫画を売っている Comics のコーナーの隣に Mangas（⊞ 男 Mangaの複数形）というコーナーがあり、日本の漫画をドイツ語に翻訳した作品や、ヨーロッパの作家が日本の漫画の画風を真似て描いたオリジナルの作品などが並んでいます。

　日本語の漫画をドイツ語に翻訳するといっても、一つ大きな壁があります。本をどちら側から開くかということです。文字だけの本なら、横書きのドイツ語では左から開けるようにすればいいだけですが、漫画はイラストとコマ割りも含めての作品なので、単に左右を置き換えれば良いという訳ではありません。ということで、ドイツ語に翻訳されても、コマ割りはそのままで、日本語の時と同じように右から開くように作られています。ただ、読者は、いつもの習慣でつい、作品の終わりである左から開けてしまうことも。そのような場合に備えて、最後のページには「STOP！ここは最後のページだよ。」という注意書きが、コマをどの順番で読んだらいいのかという説明とともに載っています。

付　録

＊ **DL** のマークの付いた音声は、ダウンロードすることができます。（→ p.5）

大文字	小文字	発音記号	
A	a	[a:]	アー
B	b	[be:]	ベー
C	c	[tse:]	ツェー
D	d	[de:]	デー
E	e	[e:]	エー
F	f	[ɛf]	エフ
G	g	[ge:]	ゲー
H	h	[ha:]	ハー
I	i	[i:]	イー
J	j	[jɔt]	ヨット
K	k	[ka:]	カー
L	l	[ɛl]	エル
M	m	[ɛm]	エム
N	n	[ɛn]	エヌ
O	o	[o:]	オー

P	p	[pe:]	ペー
Q	q	[ku:]	クー
R	r	[ɛr]	エる
S	s	[ɛs]	エス
T	t	[te:]	テー
U	u	[u:]	ウー
V	v	[fau͡]	ファォ
W	w	[ve:]	ヴェー
X	x	[ɪks]	イクス
Y	y	[ʏpsilɔn]	ユプシィロン
Z	z	[ts͡ɛt]	ツェット
Ä	ä	[ɛ:]	アー ウムラォト
Ö	ö	[ø:]	オー ウムラォト
Ü	ü	[y:]	ウー ウムラォト
	ß	[ɛst͡sɛt]	エスツェット

※ ß は実際には小文字のみが使用されています。

1. 基数

0 null　1 eins　2 zwei　3 drei　4 vier　5 fünf　6 sechs

7 sieben　8 acht　9 neun　10 zehn　11 elf　12 zwölf

13 dreizehn　14 vierzehn　…　16 sechzehn　17 siebzehn

18 achtzehn　…　20 zwanzig　21 einundzwanzig

22 zweiundzwanzig　23 dreiundzwanzig　…　30 dreißig

40 vierzig　50 fünfzig　60 sechzig　70 siebzig

80 achtzig　90 neunzig

※2桁の数字（3桁以上の数字でも下2桁の部分）は1の位を先に読みます。

・13〜19は「1の位の数字+10 (zehn)」。ただし、16はsechs-ではなく
　sech-、17はsieben-ではなくsieb-にします。

・21〜99は「1の位の数字+und（〜と）+10の位の数字」。ただし、21、31
　など1の位が1の場合はeins-ではなくein-を使います。

100 [ein]hundert　1 000 [ein]tausend　10 000 zehntausend

100 000 [ein]hunderttausend

　　378 dreihundertachtundsiebzig

　5 378 fünftausenddreihundertachtundsiebzig

　45 378 fünfundvierzigtausenddreihundertachtundsiebzig

945 378 neunhundertfünfundvierzigtausenddreihundertachtundsiebzig

1 000 000 eine Million　2 000 000 zwei Millionen

1 000 000 000 eine Milliarde　2 000 000 000 zwei Milliarden

1 000 000 000 000 eine Billion　2 000 000 000 000 zwei Billionen

1 000 000 000 000 000 eine Billiarde　2 000 000 000 000 000 zwei Billiarden

※ Million、Milliarde、Billion、Billiarde は名詞（女性名詞）なので、1を
　表す場合には、数字の1（eins）ではなく冠詞のeineを付け、それ以外の場
　合には複数形にします。

2. 序数 (「〜番目」を表す数字)

1. erst

2.〜19. 基数+t　zweit, viert, ...　　ただし、3. dritt　7. siebt　8. acht

20.〜100. 基数+st　23. dreiundzwanzigst, 100. hundertst, ...

※「〜番目」と数字を使って書く場合には、数字の直後にピリオドを置きます。

am 17. (siebzehnten) Mai　5月17日に

erster Stock　1階〔日本での2階〕

der Zweite Weltkrieg　第2次世界大戦

an der dritten Ampel　3つ目の信号で

erste Klasse　1等車

der 250. (zweihundertfünfzigste) Geburtstag Beethovens
　　ベートーヴェン生誕250周年

3. 小数点

3,14　　drei Komma eins vier

0,5　　 null Komma fünf

小数点は、ドイツやオーストリアでは「,」、スイスは地域によって「.」か
「,」に分かれます。どちらの場合も、読む時はKommaと読みます。

4. 値段

9,40€　　　neun Euro vierzig
①②③　　　①　　③　　　②

0,87€　　　siebenundachtzig Cent
①　　　　①

139,50€　　[ein]hundertneununddreißig Euro fünfzig
①②③　　　①　　　　　　　③　②

5. 時刻

時刻の言い方には「公式」と「日常」の2種類があります。公式の言い方では1分単位の24時間制で、日常の言い方では5分単位の12時間制で表します。普段の会話では日常の言い方を使うことが多いですが、誤解を避けたい場合、電車や飛行機の出発時刻など時刻を細かく言いたい場合などでは、公式の言い方を使います。

公式	表記	日常
acht Uhr	8.00 Uhr	acht [Uhr]　8時
acht Uhr fünf	8.05 Uhr	fünf nach acht　5分+過ぎ+8時
acht Uhr zehn	8.10 Uhr	zehn nach acht　10分+過ぎ+8時
acht Uhr fünfzehn	8.15 Uhr	Viertel nach acht 4分の1時間+過ぎ+8時
acht Uhr zwanzig	8.20 Uhr	zwanzig nach acht 20分+過ぎ+8時 zehn vor halb neun 10分+前+8時半
acht Uhr fünfundzwanzig	8.25 Uhr	fünf vor halb neun 5分+前+8時半
acht Uhr dreißig	8.30 Uhr	halb neun 半時間+9時 (に向かって)
acht Uhr fünfunddreißig	8.35 Uhr	fünf nach halb neun 5分+過ぎ+8時半

acht Uhr vierzig	8.40 Uhr	zehn nach halb neun 10分+過ぎ+8時半 zwanzig vor neun　20分+前+9時
acht Uhr fünfundvierzig	8.45 Uhr	Viertel vor neun 4分の1時間+前+9時
acht Uhr fünfzig	8.50 Uhr	zehn vor neun　10分+前+9時
acht Uhr fünfundfünfzig	8.55 Uhr	fünf vor neun　5分+前+9時
neun Uhr	9.00 Uhr	neun [Uhr]　9時

時刻表では、

8.03 Uhr 　　acht Uhr drei

15.27 Uhr 　fünfzehn Uhr siebenundzwanzig

日常の言い方は地域によっても異なり、例えば、8.15 Uhrをviertel neun
（4分の1時間+9時（に向かって））、8.45 Uhrをdrei viertel neun（3つの4
分の1時間+9時（に向かって））と言う地域もあります。

8時に　　um 8 [Uhr]

8時ごろ　gegen 8 [Uhr]

8時ちょっと前　kurz vor 8 [Uhr]
　　　　　　　　gleich 8 [Uhr]

8時ちょっと過ぎ　kurz nach 8 [Uhr]

曜日

月曜日	Montag	金曜日	Freitag
火曜日	Dienstag	土曜日	Samstag /
水曜日	Mittwoch		Sonnabend
木曜日	Donnerstag	日曜日	Sonntag

・月曜日に　am Montag

月

1月	Januar	7月	Juli
2月	Februar	8月	August
3月	März	9月	September
4月	April	10月	Oktober
5月	Mai	11月	November
6月	Juni	12月	Dezember

・1月に　im Januar

季節

春	Frühling	秋	Herbst
夏	Sommer	冬	Winter

・春に　im Frühling

時を表す語

heute	今日	am Morgen	朝に
morgen	明日	am Vormittag	午前中に
übermorgen	明後日	am Mittag	昼に
gestern	昨日	am Nachmittag	午後に
vorgestern	一昨日	am Abend	晩に
		in der Nacht	夜中に

・組み合わせて使うこともできます。

am Dienstagvormittag　火曜の午前中に

heute Abend　今晩

morgen früh　明日の朝に

方角

東	Osten	南	Süden
西	Westen	北	Norden

Apfelsaft 男 リンゴジュース

Apfelschorle 女 リンゴジュースの炭酸割り

Bier 中 ビール

Altbier 中 アルトビール（ドイツ・デュッセルドルフのビール）

Berliner Weisse 女 ベルリーナー・ヴァイセ

Dunkles Bier 中 黒ビール

Kölsch 中 ケルシュ（ドイツ・ケルンのビール）

Pils, Pilsener 中 ピルスナー

Radler 中 男 ラードラー（ビールをレモネードで割ったもの）

Rauchbier 中 ラオホビール（ドイツ・バンベルクの燻製ビール）

Weißbier, Weizenbier 中 小麦を多く用いたビール

Cola 中 女 コーラ

Eiswein 男 アイスワイン

Fruchtsaft 男 フルーツジュース

G'spritzter 男 ワインの炭酸割り

Grüner Tee 男 緑茶

Früchtetee 男 フルーツティー

Kaffee 男 コーヒー

Kakao 男 ココア

Kräutertee 男 ハーブティー

Limonade 女 レモネード

Milch 女 牛乳

Milchkaffee 男 カフェオレ

Mineralwasser 中 ミネラルウォーター（炭酸入り）

Mineralwasser ohne Kohlensäure 中 ミネラルウォーター（炭酸なし）

Orangensaft 男 オレンジジュース

Rotwein 男 赤ワイン

Saft 男 ジュース

Schwarzer Tee 男 紅茶

Schnaps 男 シュナップス（蒸留酒）

Sekt 男 スパークリングワイン

Spezi 男 中 シュペーツィ（レモネードとコーラを混ぜた飲み物）

Sprudel 男 炭酸水

Tee 男 お茶

Tomatensaft 男 トマトジュース

Traubensaft 男 ブドウジュース

Weinschorle 女 ワインの炭酸割り

Weißwein 男 白ワイン

Ananas 囡パイナップル

Apfel 男リンゴ

Aprikose 囡アンズ

Banane 囡バナナ

Birne 囡洋ナシ

Brombeere 囡クロイチゴ

Erdbeere 囡イチゴ

Erdnuss 囡ピーナッツ

Grapefruit 囡グレープフルーツ

Hagebutte 囡ローズヒップ

Haselnuss 囡ヘーゼルナッツ

Heidelbeere 囡ブルーベリー

Himbeere 囡ラズベリー

Holunder 男ニワトコ

Johannisbeere 囡スグリ

Kaki 囡カキ

Kastanie 囡栗

Kirsche 囡サクランボ

Kiwi 囡キウイ

Kokosnuss 囡ココナッツ

Mandarine 囡みかん

Mandel 囡アーモンド

Melone 囡メロン

Pfirsich 男モモ

Preiselbeere 囡クランベリー

Obst 中果物

Orange 囡オレンジ

Pflaume 囡プラム

Quitte 囡マルメロ

Rhabarber 男ルバーブ

Satsuma 囡ミカン

Stachelbeere 囡グーズベリー

Traube 囡ブドウ

Wallnuss 囡クルミ

Wassermelone 囡スイカ

Zitrone 囡レモン

Zwetschge 囡西洋スモモ、プラム

Aubergine 女 ナス

Blumenkohl 男 カリフラワー

Bohne 女 豆

Champignon 男 マッシュルーム

Chinakohl 男 白菜

Erbse 女 エンドウ豆

Gemüse 中 野菜

Gurke 女 キュウリ

Karotte 女 ニンジン（南部）

Kartoffel 女 ジャガイモ

Knoblauch 男 ニンニク

Kohl 男 キャベツ（北部）

Kopfsalat 男 レタス

Kraut 中 キャベツ（南部）

Kürbis 男 カボチャ

Lauch 男 細いネギ

Mais 男 トウモロコシ

Möhre 女 にんじん（北部）

Okra 女 オクラ

Paprika 男女 ピーマン

Petersilie 女 パセリ

Pfifferling 男 アンズダケ、ジロール

Pilz 男 キノコ

Porree 男 太いネギ

Radieschen 中 二十日大根

Rettich 男 大根

Rote Bete 女 レッドビーツ

Salat 男 サラダ菜

Sellerie 男女 セロリ

Shiitake 男 シイタケ

Sojabohne 女 大豆

Sojabohnensprossen 複 もやし

Spargel 男 アスパラガス

Spinat 男 ほうれん草

Steinpilz 男 ヤマドリタケ

Tomate 女 トマト

Zucchini 女 ズッキーニ

Zwiebel 女 タマネギ

スイーツ

Bonbon 男中キャンディー

Eis 中アイス

Götterspeise 女ゼリー

Honig 男ハチミツ

Keks 男クッキー

Kuchen 男ケーキ

Marmelade 女ジャム

Marzipan 中マジパン

Milchreis 男ライスプディング

Schokolade 女チョコレート

Schlagsahne 女ホイップクリーム

Puderzucker 男粉砂糖

Torte 女ケーキ

Vanillesoße 女バニラソース

Vanillezucker 男バニラシュガー

Zimt 男シナモン

その他の食べ物

Brot 中パン

Brötchen 中小型のパン

Nudeln 複麺類、パスタ

Reis 男米

Buchweizen 男そば

Gerste 女大麦

Hafer 男オーツ麦

Roggen 男ライ麦

Weizen 男小麦

Ei 中卵

Fisch 男魚

Dorsch 男タラ

Aal 男ウナギ

Forelle 女マス

Hering 男ニシン

Karpfen 男コイ

Lachs 男サーモン

Makrele 女サバ

Sardine 女イワシ

Seelachs 男タラ

Thunfisch 男マグロ

Fleisch 中肉

Hirsch 男シカ

Hühnerfleisch 中鶏肉

Kalbfleisch 中子牛肉

Reh 中ノロジカ

Rindfleisch 中牛肉

Schweinefleisch 中豚肉

Wild 中ジビエ

Wildschwein 中イノシシ

Meeresfrüchte 複シーフード

Muschel 女貝

Auster 女カキ

Krabbe 女カニ

Schinken 男ハム

Sülze 女アイスピック寄せ

Wurst 女ソーセージ

Würstchen 中小型のソーセージ

Butter 女バター

Buttermilch 女バターミルク

Jog(h)urt 男中ヨーグルト

Käse 男チーズ

Quark 男クワルク（フレッシュチーズ）

Essig 男酢

Öl 中油

Olivenöl 中オリーブオイル

Pfeffer 男コショウ

Salz 中塩

Zucker 男砂糖

メニュー／食器など

メニュー

alkoholfreie Getränke
複 ソフトドリンク

alkoholische Getränke
複 アルコール飲料

Beilage 女 付け合わせ

Dessert 中 デザート

Fisch 男 魚

für den kleinen Hunger
軽食（小さい空腹のために）

für unsere kleinen Gäste
キッズメニュー
（私たちの小さいお客様のために）

Gemüse 中 野菜

Gerichte 複 料理

Getränke 複 飲み物

Hauptgericht 中 メインディッシュ

glutenfrei グルテンフリー

Hühnerfleisch 中 鶏肉

Kalb(fleisch) 中 子牛肉

kalte Getränke 複 冷たい飲み物

Kindermenü 中 キッズメニュー

Meeresfrüchte 複 魚介類

Mittagsmenü 中 ランチセット

Nachspeise 女 デザート

Nachtisch 男 デザート

Portion 女 （料理の）1人前

Rindfleisch 中 牛肉

Salat 男 サラダ

Schweinefleisch 中 豚肉

Speisekarte 女 メニュー

Suppe 女 スープ

vegan ヴィーガンの

vegetarisch ベジタリアンの

Vorspeise 女 前菜

warme Getränke 複 温かい飲み物

Weinkarte 女 ワインリスト

Wild 中 ジビエ

食器など

Becher 男 コップ

Besteck 中 カトラリー

Bierkrug 男 ビールジョッキ

Brotkorb 男 パンかご

Buttermesser 中 バターナイフ

Dosenöffner 男 缶切り

Eierbecher 男 エッグスタンド

Flaschenöffner 男 栓抜き

Gabel 女 フォーク

Geschirr 中 食器

Glas 中 グラス

Herd 男 レンジ

Kaffeekanne 女 コーヒーポット

Kaffeemaschine 女 コーヒーメーカー

Kaffeetasse 女 コーヒーカップ

Kanne 女 ポット

Korkenzieher 男 コルク栓抜き

Löffel 男 スプーン

Messer 中 ナイフ

Mikrowelle 女 電子レンジ

Milchkännchen 中 ミルクピッチャー

Pfanne 女 フライパン、平鍋

Schale 女 深皿

Schüssel 女 鉢、ボウル、どんぶり

Serviette 女 ナプキン

Stäbchen 複 箸

Suppenteller 男 スープ皿

Tasse 女 カップ

Teekanne 女 ティーポット

Teetasse 女 ティーカップ

Teller 男 皿

Topf 男 鍋

Untertasse 女 ソーサー

Wasserkocher 男 電気ケトル

Weinglas 中 ワイングラス

Zuckerdose 女 シュガーポット

abfahren　出発する

Abfahrt　囡出発

Abteil　匣コンパートメント

ankommen　到着する

Ankunft　囡到着

Anschluss　男乗り継ぎ

aussteigen　降りる

Bahnansage　囡車内放送

Bahnhof　男駅

Bahnsteig　男ホーム

besetzt　席がふさがっている

Bordbistro　匣食堂車

buchen　予約する

DB　囡ドイツ鉄道

es dauert　（時間が）かかる

Durchsage　囡案内放送

EC　男国境を越える長距離特急

einfach　片道の

einsteigen　乗る

Endstation　囡終点

Entwerter　男改札機

erreichen　到着する

erste Klasse　囡1等車

Fahrgast　男乗客

Fahrgleisänderung　囡発車ホームの変更

Fahrkarte　囡切符

Fahrkartenautomat　男自動券売機

Fahrkartenschalter　男切符売り場（窓口）

Fahrplan　男時刻表

fahrplanmäßig　時刻表通りの

Fahrpreis　男運賃

Fahrtrichtung　囡進行方向

Fernbahnhof　男長距離列車の駅

frei　空いている

Gepäck　匣手荷物

Gleis　匣〜番線

gültig　有効な

Hauptbahnhof　男中央駅

hin und zurück 往復の

Hochgeschwindigkeitszug 男 高速列車

IC 国内長距離特急

ICE 男 イーツェーエー（ドイツ新幹線）

Kiosk 男 キオスク

Liegewagen 男 簡易寝台車

nach +地名 ～へ

Nahverkehr 男 近距離交通

Nichtraucher 男 禁煙車、非喫煙者

ÖBB 女 オーストリア連邦鉄道

Raucher 男 喫煙車、喫煙者

Regionalexpress (RE) 男 近距離快速列車

Reisezentrum 中 旅行センター

reservieren 予約する

Reservierung 女 予約

reservierungspflichtig 座席予約が必要

Rückerstattung 女 払い戻し

SBB 女 スイス連邦鉄道

Schaffner / －in 男 女 車掌

Schalter 男 窓口

Schienenersatzverkehr 男 振替輸送

Schlafwagen 男 寝台車

Sitzplatz 男 座席

Sitzplatzkarte 女 指定席券

Speisewagen 男 食堂車

Sperre 女 改札口

Station 女 駅

Toilette 女 トイレ

umsteigen 乗り換える

Verspätung 女 遅延

Wagen 男 車両

Warteraum 男 待合室

Zug 男 列車

Zugbegleiter / －in 男 女
　　　　　　　　　　　　列車乗務員

Zugpersonal 中 列車乗務員

Zuschlag 男 割増料金

zweite Klasse 女 2等車

11 街中の建物・施設 DL 11

Apotheke 女 薬局

Bäckerei 女 パン屋

Bahnhof 男 駅

Bank 女 銀行

Bar 女 バー

Bibliothek 女 図書館

Bioladen 男 オーガニックの店

Biosupermarkt 男 オーガニックスーパー

Botschaft 女 大使館

Brücke 女 橋

Buchhandlung 女 本屋

Burg 女 城

Busbahnhof 男 バスターミナル

Bushaltestelle 女 バス停

Café 中 カフェ

Denkmal 中 記念碑

Dom 男 大聖堂

Drogerie 女 ドラッグストア

Einkaufszentrum 中 ショッピングセンター

Feuerwehr 女 消防

Fischmarkt 男 魚市場

Flughafen 男 空港

Fußgängerzone 女 歩行者天国

Hafen 男 港

Haltestelle 女 停留所

Hauptbahnhof 男 中央駅

Hotel 中 ホテル

Imbiss 男 軽食店

Kaffeehaus 中 カフェ

Kaufhaus 中 デパート

Kindergarten 男 幼稚園

Kino 中 映画館

Kiosk 男 キオスク

Kirche 女 教会

Kleidergeschäft 中 衣料品店

Kneipe 女 飲み屋

Konditorei　**女** ケーキ屋

Konzerthalle　**女** コンサートホール

Krankenhaus　**中** 病院

Markt　**男** 市場

Museum　**中** 美術館、博物館

Nationalpark　**男** 国立公園

Oper　**女** オペラ座

Park　**男** 公園

Parkplatz　**男** 駐車場

Polizei　**女** 警察

Polizeiwache　**女** 交番

Post　**女** 郵便局

Rathaus　**中** 市庁舎

Reinigung　**女** クリーニング屋

Restaurant　**中** レストラン

Schloss　**中** 宮殿

Schule　**女** 学校

Schuhgeschäft　**中** 靴屋

Staatsoper　**女** 国立歌劇場

Stadion　**中** スタジアム

Stadttor　**中** 市門

Straßenbahnhaltestelle　**女**
　　　　　　　　路面電車の停留所

Supermarkt　**男** スーパー

Tankstelle　**女** ガソリンスタンド

Taxistand　**男** タクシー乗り場

Theater　**中** 劇場

Tiergarten　**男** 動物園

Tor　**中** 門

Touristeninformation　**女**
　　　　　ツーリストインフォメーション

Turm　**男** 塔

U-Bahnstation　**女** 地下鉄の駅

Universität　**女** 大学

Vergnügungspark　**男** 遊園地

Waschsalon　**男** コインランドリー

Wechselstube　**女** 両替所

Weinhandlung　**女** ワイン販売店

Zoo　**男** 動物園

Abendkasse　女 当日券売り場

Balkon　男 バルコニー席

beginnen　始まる

Bühne　女 舞台

dirigieren　指揮する

erster Rang　男 2階席

Garderobe　女 クローク

Galerie　女 最上階席、天井桟敷席

Hauptrolle　女 主役

Kasse　女 チケット売り場

Künstlereingang　男 楽屋入口

links　左

Loge　女 仕切り席、ボックス席

Oper　女 オペラ、オペラ座

Opernhaus　中 オペラハウス

Orchester　中 オーケストラ

Orchestergraben　男
　　　　　　　　オーケストラピット

Parkett　中 1階前方席

Parterre　中 1階後方席

Pause　女 幕間、休憩

Programmheft　中
　　　　　　オペラ・劇のパンフレット

Rang　男 ～階席

rechts　右

Reihe　女 列

Rollstuhlplatz　男 車椅子席

Rollstuhl- u. Begleitersitz　男
　　　　　　　　車椅子・介助者席

Sänger / −in　男 女 歌手

Schauspieler / −in　男 女 俳優

Sitz mit Sichteinschränkung bzw. ohne Sicht
　　　　視界に制限のある席または全く見えない席

Sitzplan　男 座席表

Stehplatz　男 立ち見席

Stock　男 階

Theater　中 劇場

Vorverkauf　男 前売り

zweiter Rang　男 3階席

Ausstellung　女 展覧会

beginnen　始まる

Blitz　男 フラッシュ

dauern　（時間が）かかる

Eintritt　男 入場（料）

Eintrittskarte　女 入場券

Eintrittspreis　男 入場料

Erdgeschoss　中
　　　　　　　地上階（日本の１階）

Ermäßigung　女 割引

Erwachsene　男 女 大人

es gibt ...　〜がある

fotografieren　写真を撮る

Führung　女 ガイドツアー

Garderobe　女 クローク

geöffnet　開館している

geschlossen　閉館している

gratis　無料の

Gruppe　女 グループ

Kasse　女 チケット売り場

Katalog　男 カタログ

Kind　中 子ども

kosten　（費用が）かかる

Minute　女 分

Museumsshop　男
　　　　　　　ミュージアムショップ

nächst　次の

Öffnungszeit　女 開館時間

Prospekt　中 パンフレット

Schließfach　中 コインロッカー

Senioren　複 シニア

Student / -in　男 女 学生

Studentenausweis　男 学生証

Tasche　女 かばん

Tour　女 ツアー

um ... Uhr　〜時に

Untergeschoss　中 地下階

Videoaufnahme　女 動画撮影

Anhänger 男 ペンダント	Ohrringe 複 イヤリング
Anzug 男 スーツ	Ohrstecker 複 ピアス
Armband 中 ブレスレット	Pullover 男 セーター
Bademantel 男 バスローブ	Ring 男 指輪
Bluse 女 ブラウス	Rock 男 スカート
Brosche 女 ブローチ	Sandalen 複 サンダル
Gürtel 男 ベルト	Schal 男 マフラー
Halskette 女 ネックレス	Schlafanzug 男 寝間着
Halstuch 中 スカーフ	Schmuck 男 アクセサリー
Handschuhe 複 手袋	Schuhe 複 靴
Hemd 中 シャツ	Socken 複 靴下
Hose 女 ズボン	Sportschuhe 複 スニーカー
Hut 男 帽子	Stiefel 複 ブーツ
Jacke 女 ジャケット	Strumpfhose 女 ストッキング
Kappe 女 キャップ	Sweatshirt 中 トレーナー
Kleid 中 ドレス、ワンピース	Tasche 女 バッグ
Krawatte 女 ネクタイ	T-Shirt 中 Tシャツ
Mantel 男 コート	Wanderschuhe 複 登山靴
Mütze 女 つばのない帽子	Windjacke 女 ウィンドブレーカー

素材

Baumwolle 囡木綿	Metall 匣金属
Gold 匣ゴールド	Polyester 團ポリエステル
Kunstfaser 囡合成繊維	Seide 囡シルク
Kunstleder 匣人工皮革	Silber 匣シルバー
Leder 匣本革	Synthetik 匣合成繊維
Leinen 匣麻	Wolle 囡ウール

色

白　weiß	オレンジ　orange
黒　schwarz	ベージュ　beige
赤　rot	グレー　grau
青　blau	金　golden
緑　grün	銀　silbern
黄　gelb	サーモンピンク　lachsfarben
茶　braun	ワインレッド　weinrot
紫　lila	真紅の　purpurrot
ピンク　rosa	カラフル　bunt

※ hell（薄い）、dunkel（濃い）を付けて濃淡を表すこともできます。

hellblau 水色　dunkelblau 紺　hellgrün 黄緑

買い物　DL 16

anprobieren　試着する	Kassenzettel 男 レシート
Ausgang 男 出口	kaufen　買う
bar　現金で	Kinderabteilung 女 子供用品売り場
bezahlen　支払う	Kreditkarte 女 クレジットカード
Damenbekleidung 女 婦人服	Kundendienst 男 カスタマーサービス
EC-Karte 女 ECデビットカード	Lebensmittel 複 食料品
Eingang 男 入り口	Öffnungszeit 女 営業時間
eingeben　入力する	Pfandflasche 女 デポジット対象の瓶
einkaufen　買い物する	PIN-Code 男 暗証番号
Einkaufskorb 男 買い物かご	Regal 中 棚
Einkaufstasche 女 ショッピングバッグ	Stück 中 ～個
Einkaufswagen 男 ショッピングカート	suchen　探す
Farbe 女 色	Tüte 女 袋
geöffnet　開店している	Umkleidekabine 女 更衣室
geschlossen　閉店している	umsehen　見て回る
Getränkeabteilung 女 飲み物売り場	unterschreiben　署名する
Größe 女 サイズ	Verkäufer / –in 男 女 店員
Herrenbekleidung 女 紳士服	Wechselgeld 中 お釣り
Kasse 女 レジ	zurückgeben　返却する

日用品　DL 17

Babynahrung　女 離乳食

Badesalz　中 バスソルト

Damenbinde　女 生理用ナプキン

Deospray 中男 デオドラントスプレー

Duschgel　中 ボディーソープ

Feuchtigkeitscreme　女 乳液

Feuchttuch　中 ウェットティッシュ

Gesichtswasser　中 化粧水

Haargel　中 ジェル

Haarbürste　女 ヘアブラシ

Haarspray　中 ヘアスプレー

Haarspülung　女 コンディショナー

Handcreme　女 ハンドクリーム

Insektenschutzmittel　中 虫除け

Kamm　男 櫛

Körperlotion　女 ボディローション

Lippenpflegestift 男 リップクリーム

Milchpulver　中 粉ミルク

Mundwasser　中 マウスウォッシュ

Nagelfeile　女 爪やすり

Nagelknipser　男 爪切り

Papiertaschentuch　中 ティッシュ

Parfüm　中 香水

Rasierer　男 カミソリ

Rasiercreme 女 シェービングクリーム

Rasierwasser　中
　　　　アフターシェーブローション

Seife　女 石鹸

Shampoo　中 シャンプー

Sonnencreme　女 日焼け止め

Sonnenmilch　女 日焼けローション

Tampon　男 タンポン

Waschlappen　男 ボディミトン

Waschpulver　中 粉末洗剤

Wattestäbchen　中 綿棒

Windel　女 おむつ

Zahnbürste　女 歯ブラシ

Zahnpasta　女 歯磨き粉

Zahnseide　女 デンタルフロス

国	人	言語
Japan 日本	Japaner / Japanerin	Japanisch 日本語
Deutschland ドイツ	Deutscher / Deutsche	Deutsch ドイツ語
Österreich オーストリア	Österreicher / Österreicherin	Deutsch ドイツ語
die Schweiz スイス	Schweizer / Schweizerin	Deutsch ドイツ語

** Französisch（フランス語）、Italienisch（イタリア語）、Rätoromanisch（レトロマン語）も使われる

Liechtenstein リヒテンシュタイン	Liechtensteiner / Liechtensteinerin	Deutsch ドイツ語
Amerika アメリカ	Amerikaner / Amerikanerin	Englisch 英語
England イギリス	Engländer / Engländerin	Englisch 英語
Frankreich フランス	Franzose / Französin	Französisch フランス語
die Niederlande オランダ	Niederländer / Niederländerin	Niederländisch オランダ語
Dänemark デンマーク	Däne / Dänin	Dänisch デンマーク語
Norwegen ノルウェー	Norweger / Norwegerin	Norwegisch ノルウェー語
Schweden スウェーデン	Schwede / Schwedin	Schwedisch スウェーデン語

※「～人」：男性には左側の、女性には右側の表現を使います

Finnland フィンランド	Finne / Finnin	Finnisch フィンランド語
Italien イタリア	Italiener / Italienerin	Italienisch イタリア語
Spanien スペイン	Spanier / Spanierin	Spanisch スペイン語
Portugal ポルトガル	Portugiese / Portugiesin	Portugiesisch ポルトガル語
Tschechien チェコ	Tscheche / Tschechin	Tschechisch チェコ語
die Slowakei スロヴァキア	Slowake / Slowakin	Slowakisch スロヴァキア語
Ungarn ハンガリー	Ungar / Ungarin	Ungarisch ハンガリー語
Slowenien スロヴェニア	Slowene / Slowenin	Slowenisch スロヴェニア語
Kroatien クロアチア	Kroate / Kroatin	Kroatisch クロアチア語
Polen ポーランド	Pole / Polin	Polnisch ポーランド語
Russland ロシア	Russe / Russin	Russisch ロシア語
Griechenland ギリシャ	Grieche / Griechin	Griechisch ギリシャ語
die Türkei トルコ	Türke / Türkin	Türkisch トルコ語
Südkorea 大韓民国	Koreaner / Koreanerin	Koreanisch 韓国語

China 中国	Chinese / Chinesin	Chinesisch 中国語
Thailand タイ	Thailänder / Thailänderin	Thailändisch タイ語
Vietnam ベトナム	Vietnamese / Vietnamesin	Vietnamesisch ベトナム語
die Mongolei モンゴル国	Mongole / Mongolin	Mongolisch モンゴル語
die Philippinen フィリピン	Philippiner / Philippinerin	Filipino, Englisch フィリピン語、英語
Australien オーストラリア	Australier / Australierin	Englisch 英語
Neuseeland ニュージーランド	Neuseeländer / Neuseeländerin	Englisch 英語
Brasilien ブラジル	Brasilianer / Brasilianerin	Portugiesisch ポルトガル語
Argentinien アルゼンチン	Argentinier / Argentinierin	Spanisch スペイン語
Chile チリ	Chilene / Chilenin	Spanisch スペイン語
Ägypten エジプト	Ägypter / Ägypterin	Arabisch アラビア語

nach rechts　右へ

nach links　左へ

geradeaus　まっすぐ

an　～のところで

an ... vorbei　～を通り過ぎて

auf der rechten Seite　右側に

auf der linken Seite　左側に

entlang　～に沿って

gegenüber　～の向かい側

hinter　～の裏

neben　～の隣

schräg gegenüber　～の斜向かい

vor　～の前

Ampel　女信号

Ausfahrt　女（車の）出口

Autobahn　女高速道路

Autobahnkreuz　中
　　　　高速道路のジャンクション

Autostraße　女自動車専用道路

in der Nähe　近くに

Brücke　女橋

Bundesstraße　女国道

Ecke　女角

Einbahnstraße　女一方通行路

Fußgängerzone　女歩行者天国

Hauptstraße　女メインストリート

Kreisverkehr　男環状交差点

Kreuzung　女交差点

Nebenstraße　女裏通り

Parkuhr　女パーキングメーター

Platz　男広場

Straße　女通り

Tunnel　男トンネル

Überführung　女陸橋、跨線橋

Umleitung　女迂回路

Unterführung　女ガード下の道

Zebrastreifen　男横断歩道

24-Stundenkarte　女 24時間券

Auto　中 自動車

Autobahn　女 高速道路

Boot　中 ボート

Bus　男 バス

Busbahnhof　男 バスターミナル

Einzelfahrkarte　女 1回乗車券

Entwerter　男 改札機

Fahrer /−in　男 女 運転手

Fahrplan　男 時刻表

Fahrpreis　男 料金

Fahrrad　中 自転車

Fahrkarte　女 乗車券

Fahrkartenautomat　男 券売機

Fahrkartenkontrolle　女 検札

Flugzeug　中 飛行機

Haltestelle　女 停留所

Haltewunsch　男 停車ボタン

Jacht　女 ヨット

Kontrolleur /−in　男 女 検札係

Motorrad　中 オートバイ

S-Bahn　女 都市鉄道

Schiff　中 船

Schwarzfahren　中 無賃乗車

Schwebebahn　女 モノレール

Seilbahn　女 ロープウェー

Straßenbahn　女 路面電車

Tageskarte　女 1日券

Taxi　中 タクシー

Trolleybus　男 トロリーバス

U-Bahn　女 地下鉄

Wochenkarte　女 1週間券

Zahnradbahn　女 ラック式鉄道

Zone　女 ゾーン

Zug　男 列車

abholen　取りに行く

abreisen　出発する

auschecken　チェックアウトする

ausfüllen　記入する

Ausweis　男 身分証明書

Bad　中 風呂

bestellen　予約する、注文する

bezahlen　支払う

Badetuch　中 バスタオル

Bettwäsche　女 ベット用シーツやカバー

Bettzeug　中 寝具

Doppelzimmer　中 ダブルルーム

Dusche　女 シャワー

einchecken　チェックインする

Eingang　男 入り口

Eingangstür　女 入り口のドア

eingeben　入力する

Einzelzimmer　中 シングルルーム

Empfang　男 受付

Empfangshalle　女 ロビー

Fahrstuhl　男 エレベーター

Fenster　中 窓

Formular　中 記入用紙

früh　（時間が）早い

Frühstück　中 朝食

Frühstücksraum　男 朝食ルーム

funktionieren　機能する

gegen　〜時ごろ

Gepäck　中 荷物

Halbpension　女 1泊2食付き

Handtuch　中 タオル

Heizung　女 暖房

kaputt　壊れている

Klimaanlage　女 エアコン

Koffer　男 スーツケース

kosten　（値段が）〜である

Kreditkarte　女 クレジットカード

Kühlschrank　男 冷蔵庫

Lampe 女 電灯	Schlüssel 男 鍵
laut うるさい	schmutzig 汚れている
Minibar 女 ミニバー	Stock 男 階
mit ～付きの	Toilette 女 トイレ
morgen 明日	Tür 女 ドア
Nachbarzimmer 中 隣の部屋	übernachten 宿泊する
Nacht 女 夜	unterschreiben 署名する
Name 男 名前	Unterschrift 女 サイン
ohne ～なしの	vergessen 忘れる
parken 駐車する	Vollpension 女 1泊3食付き
Passwort 中 パスワード	warm 温かい
PIN-Code 男 暗証番号	Wasser 中 水
Portier 男 ドアマン	WC 女 トイレ
Rechnung 女 領収書	WLAN 中 WiFi
reinigen きれいにする	Zimmer 中 部屋
Reinigung 女 クリーニング	Zimmernummer 女 部屋番号
reservieren 予約する	Zimmerreinigung 女 部屋の清掃
Restaurant 中 レストラン	Zimmerservice 男 ルームサービス
rufen 呼ぶ	Zweibettzimmer 中 ツインルーム

Arm 男腕

Auge 中目

Augenbraue 女眉

Bauch 男腹

Bein 中脚

Brust 女胸

Ellbogen 男ひじ

Ferse 女かかと

Finger 中指

Fingernagel 男指の爪

Fuß 男足

Fußknöchel 男足首

Fußnagel 男足の爪

Haare 複髪の毛

Hals 男首、喉

Hand 女手

Handgelenk 中手首

Haut 女皮膚

Hüfte 女腰

Kinn 中顎

Knie 中膝

Kopf 男頭

Lippe 女唇

Magen 男胃

Mund 男口

Nacken 男首筋

Nagel 男爪

Nase 女鼻

Ohr 中耳

Rücken 男背中

Schulter 女肩

Stirn 女額

Wade 女ふくらはぎ

Wange 女頬

Wimper 女まつ毛

Zahn 男歯

Zehe 女足の指

Zehennagel 男足の爪

Allergie 　女アレルギー

Asthma 　中喘息

Bauchschmerzen 　複腹痛

Blase 　女水ぶくれ

blauer Fleck 　男あざ

Blutarmut 　女貧血

Blutung 　女出血

Diabetes 　男糖尿病

Durchfall 　男下痢

Erkältung 　女風邪

Fieber 　中熱

Grippe 　女インフルエンザ

Hautausschlag 　男発疹

Heuschnupfen 　男花粉症

Hexenschuss 　男ぎっくり腰

hoher Blutdruck 　中高血圧

Husten 　男咳

Knochenbruch 　男骨折

Kopfschmerzen 　複頭痛

Magenschmerzen 　複胃痛

Migräne 　女偏頭痛

Nasenbluten 　中鼻血

niedriger Blutdruck 　中低血圧

Niesen 　中くしゃみ

Periode 　女生理期間

Pollenallergie 　女花粉症

Rückenschmerzen 　複
腰痛、背中の痛み

Schmerzen 　複痛み

schwanger 　妊娠している

Sonnenbrand 　男日焼け

Übelkeit 　女吐き気

Vergiftung 　女中毒

Verletzung 　女怪我

Verrenkung 　女脱臼

Verstauchung 　女捻挫

Verstopfung 　女便秘

Wunde 　女傷

Zahnschmerzen 　複歯の痛み

Abführmittel 　中 下剤

Antibiotikum 　中 抗生物質

Apotheke 　女 薬局

Augentropfen 　複 目薬（点眼用）

Brausetablette 　女 発泡錠剤

Desinfektionsmittel 　中 消毒薬

Durchfallmittel 　中 下痢止め

Erste Hilfe 　女 応急手当

fiebersenkendes Mittel 中 解熱剤

Fieberthermometer 　男 体温計

Gaze 　女 ガーゼ

Gips 　男 ギプス

Gurgellösung 　女 うがい薬

Impfung 　女 予防接種

Inhalation 　女 吸入

Kapsel 　女 カプセル

Kompresse 　女 湿布

Kopfschmerztablette 女 頭痛薬

Krücken 　複 松葉杖

Medikament 　中 薬

Medikament in Pulverform 中 粉薬

Mittel gegen Erkältung 中 風邪薬

Mundmaske 　女 マスク

Narkosemittel 　中 麻酔薬

Nasentropfen 　複 点鼻薬

Pflaster 　中 ばんそうこう

Rezept 　中 処方箋

Salbe 　女 塗り薬

Schlinge 　女 吊り包帯

Schmerzmittel 　中 鎮痛剤

Spritze 　女 注射

Tablette 　女 錠剤

Tropfinfusion 　女 点滴

Verband 　男 包帯

Verbandkasten 　男 救急箱

Zäpfchen 　中 座薬

Angestellter / Angestellte　サラリーマン

Apotheker / Apothekerin　薬剤師

Architekt / Architektin　建築家

Arzt / Ärztin　医者

Bankangestellter / Bankangestellte　銀行員

Bauer / Bäuerin　農業従事者

Beamte / Beamtin　公務員

Berater / Beraterin　コンサルタント

Bierbrauer / Bierbrauerin　ビール醸造家

Busfahrer / Busfahrerin　バスの運転手

Dirigent / Dirigentin　指揮者

Dolmetscher / Dolmetscherin　通訳

Feuerwehrmann / Feuerwehrfrau　消防士

Fischer / Fischerin　漁師

Flugbegleiter / Flugbegleiterin　客室乗務員

Fotograf / Fotografin　写真家

Fremdenführer / Fremdenführerin　観光ガイド

Friseur / Friseurin　美容師

Hausmann / Hausfrau　主夫、主婦

Ingenieur / Ingenieurin　エンジニア

Journalist / Journalistin　ジャーナリスト

Kellner / Kellnerin　ウェイター、ウェイトレス

Kindergärtner / Kindergärtnerin　幼稚園教諭

Koch / Köchin　調理師

Krankenpfleger / Krankenpflegerin　看護師

Künstler / Künstlerin　芸術家

Lehrer / Lehrerin　教師

LKW-Fahrer / LKW-Fahrerin　トラックの運転手

Maler / Malerin　画家

Mechatroniker / Mechatronikerin　メカトロニクスエンジニア

Musiker / Musikerin　音楽家

Pilot / Pilotin　パイロット

Polizist / Poizistin　警察官

Professor / Professorin　教授

Programmierer / Programmiererin　プログラマー

Rechtsanwalt / Rechtsanwältin　弁護士

Regisseur / Regisseurin　映画監督

Rentner / Rentnerin　年金生活者

Sänger / Sängerin　歌手

Schauspieler / Schauspielerin　俳優

Schriftsteller / Schriftstellerin　作家

Schüler / Schülerin　生徒

Student / Studentin　大学生

Tänzer / Tänzerin　ダンサー

Taxifahrer / Taxifahrerin　タクシーの運転手

Verkäufer / Verkäuferin　店員

Winzer / Winzerin　ワイン生産者

Zugführer / Zugführerin　列車乗務員

キクタン ドイツ語会話
【入門編】

発行日	2020 年 7 月 30 日初版発行
著者	櫻井麻美
編集協力	バイヤー＝田口ディアナ
編集	(株)アルク 出版編集部
装丁・表紙・CD レーベルデザイン	アートディレクター 細山田光宣
	デザイン 柏倉美地【細山田デザイン事務所】
DTP・本文デザイン・イラスト	奥山和典【酒冨デザイン】
ナレーション	バイヤー＝田口ディアナ・須藤まゆみ
音楽・音声編集	Niwaty
録音	トライアンフ株式会社
CD プレス	株式会社ソニー・ミュージックソリューションズ
印刷・製本	シナノ印刷株式会社
発行者	天野智之
発行所	株式会社アルク
	〒 102-0073 東京都千代田区九段北 4-2-6 市ヶ谷ビル
	Website http://www.alc.co.jp

著者プロフィール 櫻井麻美

東京外国語大学ドイツ語学科卒、東京大学大学院博士課程単位取得退学。現在、東京外国語
大学、中央大学などでドイツ語を教える。時々、通訳としても活動。

バイヤー＝田口ディアナ

ライプチヒ大学（ドイツ語教育・日本学）卒業後、2009 年来日。現在、東京藝術大学音楽
学部でドイツ語・ドイツ語発音を教える。

地球人ネットワークを創る

アルクのシンボル
「地球人マーク」です。

PC：7017003
ISBN：978-4-7574-3643-5